Silke Hertel / Simone Bruder
Antje Orwat-Fischer / Meike Laux

Eltern beraten – souverän und erfolgreich

Konkrete Strategien und Tipps für Erziehungs- und Lernberatung in der Schule

Auer Verlag GmbH

Man kann einen Menschen nichts lehren,
man kann ihm nur helfen,
es in sich selbst zu entdecken.

Galileo Galilei (1564–1642),
italienischer Physiker und Astronom

Danksagung
Besonderer Dank gilt den Lehrerinnen und Lehrern, die an unseren Trainings teilgenommen und damit zur Entwicklung dieses Buches beigetragen haben.

Gedruckt auf umweltbewusst gefertigtem, chlorfrei gebleichtem
und alterungsbeständigem Papier.

1. Auflage 2010
Nach den seit 2006 amtlich gültigen Regelungen der Rechtschreibung

Illustrationen: Kerstin Klauß
Umschlagfoto: Panthermedia
Satz: krauß-verlagsservice, Augsburg
Druck und Bindung: Aubele Druck GmbH, Bobingen
ISBN 978-3-403-0**6433**-6

www.auer-verlag.de

Inhalt

I Einleitung

1 Beratung von Eltern und Schülern: eine wichtige Aufgabe von Lehrern

Viele Eltern wünschen sich, von dem Lehrer[1] ihres Kindes beraten zu werden. Dabei kann das Beratungsanliegen sehr unterschiedlich sein: Manche Eltern wünschen sich Tipps, wie sie ihr Kind beim Lernen zu Hause und bei den Hausaufgaben unterstützen können. Andere Eltern wurden gerade darüber informiert, dass bei ihrem Kind eine Lernstörung diagnostiziert wurde oder vermuten selbst eine. Sie treten mit dem Wunsch an den Lehrer heran, hierzu weitere Informationen zu erhalten. Und manche Eltern suchen Rat in spezifischen Erziehungsfragen, die direkt mit dem Lernen und der schulischen Entwicklung ihres Kindes in Zusammenhang stehen.

Lehrer sind erste Ansprechpartner

Sie als Lehrer sind dabei häufig der erste Ansprechpartner der Eltern, weil Sie ihnen vertraut sind, weil Sie eine pädagogische Ausbildung haben und auch, weil es wesentlich leichter fällt, einen Termin mit dem Lehrer zu vereinbaren als mit einer Beratungsstelle oder gar einem Psychotherapeuten. Hier kann Beratung als eine besondere Form der Elternarbeit angesehen werden: Sie führt zu einer Zusammenarbeit von Eltern und Lehrern, die sich nachweislich positiv auf die Leistungen und das Verhalten der Schüler auswirkt.

Die vielen Beratungssituationen, die Ihnen in Ihrem Alltag begegnen, lassen sich in vier Kategorien einteilen:

Beratungsanlässe	Themen
Lernberatung	Lernstrategien Unterstützung des Kindes/Jugendlichen beim Lernen Gestaltung der häuslichen Lernumgebung Betreuung bei den Hausaufgaben
Spezifischer Förderbedarf & Verhaltensauffälligkeiten	Spezifische Teilleistungsschwächen (z. B. ADHS, LRS) Unangepasstes Sozialverhalten Soziale Ängste Schul- und Leistungsängste Suchtproblematiken

[1] Aufgrund der besseren Lesbarkeit werden in diesem Buch ausschließlich die männlichen Formen verwendet. Wenn von Schüler gesprochen wird, ist immer auch die Schülerin gemeint, ebenso verhält es sich mit Lehrer und Lehrerin.

Beratungsanlässe	Themen
Erziehungsberatung	Beratung zu allgemeinen Erziehungsproblemen
Schullaufbahn-beratung	Leistungsstand Klassenwechsel (Rückstufung, Überspringen) Schulformwechsel

Abb. 1: Beratungsanlässe im schulischen Kontext

Quelle: in Anlehnung an das Landesinstitut für Schule und Weiterbildung des Landes Nordrhein-Westfalen, 2001.

Beratungsauftrag

Die Beratung von Schülern und Eltern zu diesen Themen ist eine Ihrer Aufgaben als Lehrer. Dies wird in der Allgemeinen Dienstordnung für Lehrerinnen und Lehrer in § 8 festgelegt. Demnach werden Beratungsaufgaben an Schulen nicht nur von speziell ausgebildeten Beratungslehrern wahrgenommen. Sicherlich fühlen Sie sich für die eine Beratungsaufgabe besser vorbereitet als für eine andere bzw. zählen einige Beratungsaufgaben eher zu Ihrem Aufgabenbereich als andere. In der Tat sollten die Beratungsaufgaben in der Schule aufgeteilt werden – auch wenn Sie als Lehrer zunächst oft der erste Ansprechpartner sind. Je nach Beratungsanlass gibt es unterschiedliche Angebote im Umfeld der Schule, die für diese speziellen Bereiche zuständig sind. Diese Beratungsangebote im Umfeld der Schule und ihre Zuständigkeiten werden in der folgenden Abbildung dargestellt.

Beratungsträger

Beratung verknüpft mit schulfachlichen und -aufsichtlichen Aufgaben
Schulaufsicht Schulleitung

Beratung als integrierter Bestandteil unterrichtlicher und erzieherischer Aufgaben
Schulaufsicht Lehrer Beratungslehrer Schulpsychologe an Gesamtschulen

Beratung als spezifisch professionelle Aufgabe
Beratungslehrer Schulpsychologe an Gesamtschulen Schulpsychologe (SchpD) andere Beratungsdienste

Abb. 2: Beratungsträger und Beratungsangebote im schulischen Kontext

Quelle: in Anlehnung an das Landesinstitut für Schule und Weiterbildung des Landes Nordrhein-Westfalen, 2001.

Aus Abbildung 2 wird ersichtlich, dass die Beratung als integrierter Bestandteil unterrichtlicher und erzieherischer Aufgaben in den Aufgabenbereich aller Lehrer fällt. Dies können z. B. Schwierigkeiten beim Lernen oder Unzuverlässigkeit beim Erledigen der Hausaufgaben sein. Je nach Beratungssituation und Thema der Beratung kann es hilfreich sein, Rat und Unterstützung bei einem spezifisch ausgebildeten Beratungslehrer einzuholen. Über diese Beratungssituationen des schulischen Alltags hinaus, sind Sie als Lehrer auch in anderen Situationen, wie z. B. Sucht- und Drogenprobleme des Schülers, Essstörungen, starke Verhaltensauffälligkeiten des Schülers oder Beziehungsprobleme der Eltern, oft die erste Anlaufstelle.

Beratung ist integrierter Bestandteil unterrichtlicher und erzieherischer Aufgaben

In Ihrer Lehrerlaufbahn werden Sie also auch auf Beratungssituationen treffen, für die Sie sich nicht ausgebildet und nicht direkt zuständig fühlen. Wichtig ist es, in solchen Fällen zunächst als **erster** Ansprechpartner zur Verfügung zu stehen. Schon im ersten Gespräch sollten Sie allerdings vermitteln, dass diese Probleme nicht in ihr Aufgabengebiet fallen und dass Sie einen Beratungslehrer hinzuziehen bzw. die Eltern an einen qualifizierten Berater verweisen möchten. Zu diesem Zweck ist es hilfreich, wenn an der Schule eine Auflistung von Beratungsangeboten (Beratungslehrer, Schulpsychologen, Erziehungsberatungsstellen) und Therapeuten verfügbar ist.

Kooperation mit externen Beratungsstellen

In diesem Buch werden Strategien für zentrale Beratungsanlässe im Schulalltag geschildert, für die Sie langfristig Ansprechpartner sein können: Lernberatung, spezifischer Förderbedarf (Legasthenie, Dyskalkulie, AD(H)S, Hochbegabung), Erziehungsberatung. Dabei werden Hintergrundinformationen sowie spezifische Tipps und Übungen für die Beratung von Eltern vorgestellt. Jedes Kapitel beginnt mit einem Fallbeispiel, das den Beratungsanlass veranschaulicht. Danach werden Hinweise gegeben, wie dieser Beratungsbedarf festgestellt werden kann und welche diagnostischen Möglichkeiten es gibt. Es wird auch beschrieben, welche spezifischen Aspekte in der Gesprächsführung in Bezug auf die verschiedenen Beratungsanlässe beachtet werden sollten. Der Schwerpunkt jedes Kapitels liegt auf praxisnahen Hinweisen und Unterstützungsstrategien, die mit den Eltern in Beratungsgesprächen durchgegangen und Ihnen an die Hand gegeben werden können. Ergänzend werden Ihnen auf der CD konkrete Vorlagen, Checklisten und Fragebögen für Eltern und Schüler geboten, die sich individuell verändern lassen. Sie helfen Ihnen, in der Gesprächssituation die Probleme und Lösungsansätze strukturiert darzustellen und zu besprechen.

Aufbau dieses Ratgebers

Einleitend werden grundlegende Aspekte von Beratung und Gesprächsführung praxisnah geschildert und mit Handlungsbeispielen illustriert. Die vorgestellten Gesprächsführungstechniken sowie die Übungen und Strategien für die einzelnen Beratungsanlässe wurden in Lehrerfortbildungen sowie Eltern- und Schülertrainings erprobt und auf ihre Wirksamkeit hin überprüft. Sie basieren auf einem systemisch-lösungsorientierten Beratungsansatz und können von Lehrern mit und ohne spezielle Beratungsausbildung in der Beratungsarbeit eingesetzt werden.

Arbeit mit diesem Ratgeber

Das Buch soll Ihnen die Beratungsarbeit erleichtern und einen strukturierten Einstieg in Beratungsgespräche ermöglichen. Um eine erste Orientierung zu bieten, werden am Ende dieses Kapitels zunächst anhand von Fallbeispielen zentrale Unterscheidungsmerkmale für die Beratungsanlässe aufgeführt und mit einem Hinweis auf den entsprechenden Abschnitt versehen; Verknüpfungen zwischen den Abschnitten werden durch Verweise hervorgehoben. Die Fallbeispiele finden sich dann zu Beginn der jeweiligen Kapitel wieder.

2 Typische Beratungsanlässe im schulischen Kontext

Nun möchten wir Ihnen die verschiedenen Beratungsanlässe, denen Sie als Lehrer im Schulalltag immer wieder begegnen, noch einmal etwas differenzierter darstellen. Dies soll Ihnen dabei helfen, diese Beratungsanlässe zu erkennen und zu unterscheiden.

Altersstufen-spezifische Schwierigkeiten

Wichtig ist an dieser Stelle auch, noch einmal darauf hinzuweisen, dass es zwischen den Jahrgangs- bzw. den Altersstufen, in denen Sie unterrichten zum Teil sehr große Unterschiede hinsichtlich der Beratungsanlässe geben kann. Natürlich können generell alle Schwierigkeiten in allen Altersstufen auftreten. Es gibt dennoch für jede Alterstufe eher „typische" Probleme oder Schwierigkeiten, die hier verstärkt auftreten. So geht es in den Jahrgangsstufen 5 und 6 des Öfteren auch um die Gestaltung des Übergangs von der Grundschule in die Sekundarstufe I und die daraus resultierenden Schwierigkeiten mit dem Lernen. Auch Konzentrationsprobleme und spezifischer Förderbedarf in einzelnen Bereichen (z. B. Lese-Rechtschreib-Schwäche, Dyskalkulie) sind in dieser Altersstufe häufige Themen. In den Jahrgangsstufen 7 bis 10 rücken dann verstärkt auch die Themen Hausaufgaben, Motivationslosigkeit und Disziplinprobleme in den Vordergrund. Der Bereich der Erziehungsberatung ist durch alle Altersstufen hindurch ein Thema in Lehrer-Eltern-Gesprächen. In schwierigen Fällen sollte dies unbedingt an spezielle Beratungsangebote im Umfeld der Schule (Jugendamt, Erziehungsberatungsstelle, Familientherapeuten) abgegeben werden.

Rahmenbedingungen

Grundsätzlich ist darüber hinaus in der Beratung zu unterscheiden, ob Sie als Lehrer zu einem Gespräch eingeladen haben oder ob die Eltern einen Terminwunsch geäußert haben, um einen Austausch über die schulische Situation ihres Kindes vorzunehmen. Diese Unterscheidung ist insbesondere in der Vorbereitung auf ein Gespräch und in der geplanten Vorgehensweise zu Beginn des Beratungsgespräches von großer Bedeutung.

Wenn Sie als Lehrer eingeladen haben

Im ersten Fall – wenn also Sie die Eltern zu einem Gespräch gebeten haben – kann es vorkommen, dass Eltern erst einmal sehr skeptisch sind und sich eventuell schnell angegriffen fühlen. In einem solchen Fall werden die Eltern vielleicht versuchen, sich und ihr Kind zu verteidigen oder auch das Problem zu bagatellisieren, weil sie zwar die Problematik einer Situation verstehen, aber keine Lösung sehen können.

Wenn Eltern um ein Gespräch bitten

Im zweiten Fall – wenn die Eltern Sie um ein Gespräch gebeten haben – ist der Anlass oft eine schlechte schulische Leistung. Oder aber den Eltern sind bestimmte Dinge zu Hause an ihrem Kind aufgefallen, die sie mit der Schule in Verbindung bringen und für deren Lösung sie Unterstützung suchen. Prüfungsangst und Mobbing-Situationen können Beispiele hierfür sein.

Grundhaltung in Beratungsgesprächen

In Kapitel II zu den Grundlagen der Beratungsarbeit werden Hinweise zur Herangehensweise und zur Grundhaltung in Beratungsgesprächen gegeben, die zu einem konstruktiven Verlauf des Gesprächs beitragen. Wenn Sie sich schon vor Beginn des Gespräches in die Perspektive Ihres Gegenübers hineinversetzen, können Sie den Verlauf eines Gesprächs ganz entscheidend beeinflussen, indem Sie in der Anfangsphase/Kontaktphase Ängste und Bedenken der Eltern ansprechen und damit auffangen. Grundsätzlich gilt, dass Eltern und Lehrer einen gemeinsamen Erziehungsauftrag haben und Eltern dankbar sind, wenn sie spüren, dass auch den Lehrern an einer guten Entwicklung des Kindes/Jugendlichen gelegen ist. Dabei kann es natürlich auch zu unterschiedlichen Auffassungen darüber kommen, was für die Entwicklung des Kindes/Jugendlichen förderlich oder notwendig ist. In solchen Fällen ist es grundsätzlich gut, durch die „richtigen" Fragen die Ursachen für die verschiedenen Sichtweisen offenzulegen. Jedoch sollten Sie als Berater nicht das Ziel haben, die Eltern von Ihrer persönlichen Lösung zu überzeugen, sondern versuchen, eine gemeinsame Lösung mit den Eltern zu finden. Dabei kann das Hinzuziehen eines Schulpsychologen, eines Beratungslehrers oder einer Erziehungsberatungsstelle von großem Vorteil sein. Dies sollte allerdings mit den Eltern vorher abgesprochen werden. Dabei ist zu bedenken, dass Beratung immer ein „Prozess" ist und die gemeinsame Lösungssuche manchmal nicht in einem einzelnen Gespräch gefunden werden kann.

Mit den Eltern gemeinsam Lösungen erarbeiten

3 Abgrenzung der zentralen Beratungsanlässe

Neben den Rahmenbedingungen eines Beratungsgesprächs, wie „Wer sucht das Gespräch?" und „Welche Personen sind am Gespräch beteiligt?", gibt es im Schulalltag verschiedene zentrale Beratungsanlässe. Diese lassen sich formal in vier Bereiche einteilen (s. Abb. 1), auf die nun näher eingegangen werden soll.

Lernberatung

Im ersten Bereich **(Lernberatung)** wird der Fokus auf das Lernen an sich gelegt, d.h. was wichtig und zentral ist, damit schulisches Lernen funktioniert, wie es unterstützt werden kann und wie Eltern ihre Kinder dabei effektiv begleiten können.

Spezifischer Förderbedarf

Im zweiten Bereich **(Spezifischer Förderbedarf)** soll dann Hintergrundwissen zu typischen „Problemen", wie Lese-Rechtschreib-Schwäche, Dyskalkulie, AD(H)S und Hochbegabung, vermittelt werden. Sowohl als Klassenlehrer als auch als Fachlehrer ist es sehr wichtig, etwas über diese typischen „Problemfelder" zu wissen, vor allem, wie Sie Schüler mit diesen Schwierigkeiten frühzeitig erkennen können. Dann können Sie den Eltern beratend und auch fördernd zur Seite stehen.

Erziehungsberatung

Der dritte Bereich **(Erziehungsberatung)** befasst sich mit allen Situationen, in denen es zu klären gilt, wie das Elternhaus den Schüler unterstützen kann, um schulischen Erfolg wahrscheinlich zu machen. Hierbei ist es insbesondere wichtig, zu erkennen, bis zu welchem Punkt Sie Eltern gut beraten und unterstützen können, und ab wann Sie die Eltern an den Schulpsychologen, eine Erziehungsberatungsstelle oder einen Therapeuten weitervermitteln sollten.

Schullaufbahnberatung

Der vierte Bereich **(Schullaufbahnberatung)** umfasst alle Fragen rund um Versetzung und Schulwahl. Auf diesen Beratungsanlass soll hier aber nicht näher eingegangen werden, da in diesem Buch die Beratung zu den drei anderen Bereichen im Vordergrund steht.

Wie erkennen Sie als Lehrer, um welche Beratungssituation es sich handelt? Vielleicht ist der Anlass ganz klar, bei genauerem Hinsehen aber stellt sich die spezifische Situation des Schülers als doch nicht eindeutig heraus, weil die Ursache für eine schulisch schwierige Situation noch nicht klar erkennbar ist oder weil mehrere Faktoren zusammenspielen und zu Schwierigkeiten in der Schule führen.

Um einen Einblick in die unterschiedlichsten Beratungsanlässe zu bekommen und ein Gespür dafür zu entwickeln, wie sich schwierige Situationen darstellen können, folgen nun ein paar konkrete Fallbeispiele.

1. **Fallbeispiel:** *Marc, ein Schüler der 8. Klasse, hat eher befriedigende bis ausreichende Leistungen. Oft verhaut er Arbeiten und schafft es erst gegen Ende des Schuljahrs, die gefährdete Versetzung zu errei-*

chen. Die Eltern, insbesondere die Mutter, sind von seinen schwachen schulischen Leistungen sehr enttäuscht und auch gestresst. Sie haben kein Verständnis für seine offensichtliche Faulheit. Marc ist im Unterricht ein eher stiller und zurückhaltender Schüler. Er meldet sich kaum, kann jedoch teilweise mit guten Unterrichtsbeiträgen glänzen. Die Mutter glaubt, dass Marc keinen Ehrgeiz hat und sich nicht für die Schule motivieren kann. Wenn etwas nicht klappt, hat Marc immer die Ausrede, dass es an dem jeweiligen Lehrer liege.

Wenn Sie einen Schüler haben, der ähnliche Schwierigkeiten hat, könnten diese auf allgemeine **Lernprobleme** hinweisen. Vertiefende Informationen zu diesem Beratungsanlass finden Sie in Kapitel III.

2. **Fallbeispiel:** *Sonja ist 12 Jahre alt und geht in die 6. Klasse. Sonja ist ein aufgewecktes Mädchen, das sich gerne bewegt. Als Sonja in die Schule kam, hatte sie sich sehr darauf gefreut. Aber schon in der Grundschule fiel ihr das Lesenlernen richtig schwer. Auch an der jetzigen weiterführenden Schule ist Deutsch das schwierigste Fach für Sonja. Diktate fallen ihr besonders schwer und meistens schafft sie nur eine Vier. Langsam hat Sonja den Eindruck, dass ihre Lehrerin sie ärgern will. Hausaufgaben macht sie auch nicht mehr gerne. Jeden Nachmittag gibt es deshalb Streit. Die Mutter weiß sich nicht mehr zu helfen und überlegt, ob sie ihr als Strafe ihr Hobby Schwimmen verbieten sollte. Das findet ihr Mann gar nicht gut. Auch habe er große Probleme mit dem Lesen und Schreiben gehabt, erzählt die Mutter.*

Wenn Sie einen Schüler haben, der ähnliche Schwierigkeiten hat, könnten diese auf **Legasthenie / Lese-Rechtschreib-Schwäche** hinweisen. Vertiefende Informationen zu diesem Beratungsanlass finden Sie in Kapitel IV.1.

3. **Fallbeispiel:** *Susanne ist eine Schülerin in der 7. Klasse. Bei ihr liegt seit der Grundschule eine diagnostizierte Dyskalkulie vor. Wegen des geringen Selbstwertgefühls und des großen schulischen Drucks leidet sie unter Prüfungsangst. Die schriftlichen Leistungen sind oft nur ausreichend oder manchmal sogar mangelhaft. Musik und Deutsch sind die Fächer, in denen sie keine Probleme hat. Wegen des Drucks fühlt sie sich jedoch sehr gestresst und hat oft keine Lust mehr, zur Schule zu gehen.*

Wenn Sie einen Schüler haben, der ähnliche Schwierigkeiten hat, könnten diese auf **Dyskalkulie / Rechenschwäche** hinweisen. Vertiefende Informationen zu diesem Beratungsanlass finden Sie in Kapitel IV.2.

4. **Fallbeispiel:** *Tim besucht die 5. Klasse und findet Schule doof. Er kann nur schwer ruhig sitzen, Zuhören fällt ihm nicht leicht. Wenn irgendwo Action angesagt ist, dann ist er dabei. Das können zum*

einen die naturwissenschaftlichen Fächer sein oder aber Streitereien mit seinen Klassenkameraden, für die er sich mit seinem ausgeprägten Gerechtigkeitssinn energisch einsetzt. Im Unterricht fällt es ihm schwer, sich an Regeln zu halten, und manchmal steht er einfach auf und läuft ihm Klassenraum umher.

Wenn Sie einen Schüler haben, der ähnliche Schwierigkeiten hat, könnten diese auf **AD(H)S** hinweisen. Vertiefende Informationen zu diesem Beratungsanlass finden Sie in Kapitel IV.3.

5. Fallbeispiel: *Christian ist ein Schüler einer 6. Gymnasialklasse. Seine schulischen Leistungen sind befriedigend bis ausreichend, nur in Religion, Mathe und Musik sind seine Leistungen gut. Insgesamt ist er ein sehr stiller und zurückhaltender Schüler, der sich selten am Unterricht aktiv beteiligt und teilweise in Träumerei zu versinken scheint. Von der Grundschule hat er aufgrund seines unstrukturierten, wenig selbstständigen Arbeitsverhaltens keine Empfehlung für das Gymnasium erhalten. In den beiden neu hinzugekommenen Fremdsprachenfächern zeigt sich sehr deutlich, dass er große Schwierigkeiten beim Vokabellernen hat, da ihm regelmäßiges Lernen schwerfällt.*

Wenn Sie einen Schüler haben, der ähnliche Schwierigkeiten hat, könnten diese auf **Hochbegabung** hinweisen. Vertiefende Informationen zu diesem Beratungsanlass finden Sie in Kapitel IV.4.

6. Fall: *Kevin ist 11 Jahre alt und geht seit einem halben Jahr in die 5. Klasse eines Gymnasiums. Er ist in seiner Klasse gut eingebunden und hat relativ schnell viele Freunde gefunden. Seit einiger Zeit gibt es massive Schwierigkeiten bei den Hausaufgaben. Kevin ist ziemlich ehrgeizig und will selbst immer gute Noten haben, das war schon in der Grundschule der Fall. Dort führte dies aber zu keinen Problemen, da er immer gute Noten bekam und oft für seine Hausaufgaben gelobt wurde. Seit er auf das Gymnasium geht, hat er schon ein paar Mal seine Hausaufgaben vorlesen müssen, und drei Mal waren diese nicht ganz korrekt, was ihm auch rückgemeldet wurde. Seit einiger Zeit bekommt Kevin regelmäßig Wutattacken, wenn er seine Hausaufgaben machen soll. Er schimpft dann und schreit herum, er ist kaum noch zu beruhigen. Er weigert sich, seine Hausaufgaben zu machen. Kevins Mutter ist hilflos und weiß nicht, was sie machen soll.*

Wenn Sie einen Schüler haben, der ähnliche Schwierigkeiten hat, könnten diese auf die Notwendigkeit einer **Erziehungsberatung** hinweisen. Vertiefende Informationen zu diesem Beratungsanlass finden Sie in Kapitel V.

Eltern-gespräche erfolgreich und souverän meistern

Ob Sie in den verschiedenen Fällen die Eltern zu einem Gespräch bitten, hängt natürlich auch von Ihrer persönlichen Arbeitsweise und auch davon, wie sicher Sie sich in Beratungsgesprächen fühlen, ab. Wir möchten Ihnen mit diesem Buch ermöglichen, mehr Sicherheit in den verschiedenen Beratungsanlässen zu erlangen und sich in den Gesprächen wohler fühlen.

Grundsätzlich sollten Sie nie vergessen, auf sich selbst zu achten und sich nicht mit zu vielen Gesprächen zu belasten. Allerdings kann ein frühzeitig geführtes Gespräch dazu beitragen, dass eine schwierige Situation sich gar nicht erst weiter zuspitzt bzw. sogar aufgelöst wird. Das Umsetzen der gefundenen Lösung ist dann oft weniger belastend als der Umgang mit einer eskalierten Situation. Günstig ist es, zu regelmäßigen Terminen (beispielsweise einmal im Schulhalbjahr) allen Eltern einer Klasse ein Einzelgespräch anzubieten.

II Grundlagen der Beratungsarbeit

1 Was bedeutet eigentlich Beratung?

Sicherlich sind Ihnen aus Ihrem Alltag Beratungssituationen wohlvertraut: Sie haben bestimmt schon einmal Personen Ihrer Familie oder Freunde und Bekannte beraten, die in einer Problem- und Entscheidungssituation nach Ihrer Meinung gefragt haben. Und wenn Sie selbst einmal Rat benötigen, dann wenden Sie sich mit Ihren Fragen und Problemen an andere Personen, denen Sie vertrauen und die Sie für kompetent halten. Auch Situationen, die eine gemeinsame Lösungsfindung und ein Sichberatschlagen erfordern, kennen Sie aus Ihrem Alltag.

In diesem Buch möchten wir folgende Definition von Beratung zugrunde legen:

Definition: Beratung

Beratung ist eine freiwillige, kurzfristige, soziale Interaktion zwischen Ratsuchenden (Schüler, Eltern) und Berater (Lehrer). Ziel ist es, im Rahmen der Beratung eine Entscheidungshilfe für die Bewältigung des Problems des Ratsuchenden zu erarbeiten. Dies kann durch die Vermittlung von Informationen und/oder das Einüben von Fertigkeiten geschehen. Wichtig ist dabei auch, dass Beratung *präventive, kurative und rehabilitative* Funktion haben kann, d.h. sie kann bereits einsetzen, bevor ein Problem auftritt. Im schulischen Kontext kann ein Beratungsgespräch sowohl von dem Schüler, den Eltern oder dem Lehrer angeregt werden.

(vgl. Schwarzer & Buchwald, 2001, 2006 sowie Sickendieck et al., 2002)

Lösungs- und ressourcenorientierter Ansatz als Grundlage

In der Beratungspraxis gibt es eine Vielzahl von Beratungsansätzen, die sich in ihrem theoretischen Hintergrund und den Vorgehensweisen unterscheiden. Für schulische Beratungssituationen eignet sich insbesondere der lösungs- und ressourcenorientierte Beratungsansatz. Dabei wird angenommen, dass es für die Lösung eines Problems nicht nötig ist, die Entstehung des Problems zurückzuverfolgen oder gar zu verstehen (vgl. De Shazer, 1990). Bei diesem Ansatz stehen die Lösungssuche und die Aktivierung der Ressourcen des Ratsuchenden im Vordergrund. Zu diesem Zweck werden Ausnahmen des Problemverhaltens gesucht und Lösungsvorschläge diskutiert (vgl. Thiel, 2003). Die „Ist-Situation" und die Suche nach Lösungen stehen im Fokus des Beratungsgesprächs. Selbstverständlich erfolgt dies auf der Grundlage einer genauen Analyse des Problemverhaltens, z.B. mit dem SORK-Modell, das in Kapitel V vorgestellt wird. Ein lösungsorientiertes Vorgehen führt in der Regel schon sehr schnell zu ersten Erfolgen.

Die Verantwortung für die Umsetzung der besprochenen Maßnahmen liegt dabei meist sowohl beim Lehrer als auch bei den Eltern bzw. dem Schüler. Denn Lehrer und Eltern haben einen gemeinsamen Erziehungsauftrag – sie sind in jeweils verschiedenen Umfeldern (in der Schule, zu Hause) verantwortlich für die Erziehung des Kindes/Jugendlichen und die Unterstützung seiner Entwicklung. Dies ist ein bedeutender Unterschied zur therapeutischen Arbeit, denn in der Psychotherapie liegt die Verantwortung für die Handlungen bei dem Ratsuchenden/Klienten selbst – nur er ist für sich verantwortlich, der Therapeut ist nur Begleiter.

Gemeinsame Verantwortung von Eltern und Lehrern

Wie bereits in der Definition von Beratung deutlich wird, besteht die Beratung zu einem großen Anteil aus der Kommunikation zwischen dem Ratsuchenden (den Eltern, dem Schüler) und dem Berater (Ihnen). Der Verlauf eines Beratungsgesprächs wird auch davon beeinflusst, welche Techniken zur Gesprächsführung eingesetzt werden. Günstige Strategien können den Gesprächsverlauf positiv beeinflussen und zum Erfolg der Beratung beitragen.

Kommunikation und Gesprächsführungsstrategien

Um Ihnen Grundkenntnisse in diesen Bereichen zu vermitteln, sollen im Folgenden Grundlagen der Kommunikation und konkrete Gesprächsführungsstrategien vorgestellt werden.

2 Grundlagen der Kommunikation – wichtiges Handwerkszeug für Beratungsgespräche

Ganz allgemein kann zwischen verbaler (sprachlicher) und nonverbaler (Gestik und Mimik, Intonation) Kommunikation unterschieden werden. Nach Watzlawick (1969) ergibt sich daraus, dass wir nicht *nicht* kommunizieren können. Auch wenn wir nicht verbal kommunizieren, so teilen wir uns anderen dennoch über unsere Körperhaltung, Gestik und Mimik mit. Deshalb sollte in Beratungssituationen auch auf nonverbale Signale geachtet werden.

Nonverbale und verbale Aspekte

Beispiele für nonverbale Signale

- Lächle ich als beratender Lehrer die Eltern zur Begrüßung freundlich an?
- Kommen die Eltern mit einer sehr aufrechten oder eher gebeugten Körperhaltung zum Beratungsgespräch?
- Ist der Händedruck angemessen fest – oder ist er sehr fest bzw. sehr zaghaft?
- Drückt meine Körperhaltung Zugewandtheit und Interesse am Anliegen der Eltern aus?
- Ist die Stimme bei den ersten Worten der Eltern sicher – oder ist sie zu laut bzw. zu leise?

Nonverbale Kommunikation

Sender-Empfänger-Modell

Ein grundlegendes Modell zur Analyse von verbaler Kommunikation sind die vier Seiten einer Nachricht nach Schulz von Thun (2002). Dieser Ansatz baut auf dem Sender-Empfänger-Modell der Kommunikation auf.

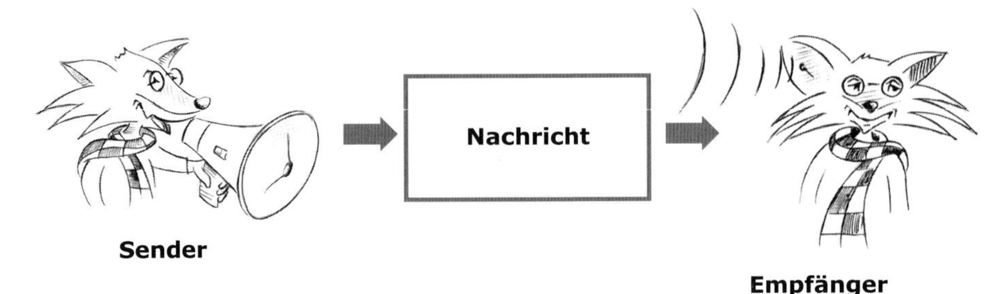

Abb. 3: Sender-Empfänger-Modell der Kommunikation

Vier-Seiten-Modell

Dieses grundlegende Modell definiert Kommunikation als Übermittlung einer Nachricht von einem Sender an einen Empfänger. Schulz von Thun rückt in seinem Modell die Nachricht in den Mittelpunkt der Betrachtung. Er unterscheidet vier Seiten einer Nachricht: die Sachinformation, die Beziehungsseite, den Appell und die Selbstoffenbarung, wobei jede Nachricht immer alle vier Seiten enthält.

1. Sachinhalt: Worüber ich informiere

Sachinhalt

Zunächst enthält die Nachricht eine Sachinformation. Man könnte nun annehmen, dass das ja das Wesentliche an der Kommunikation sei – eben eine Sachinformation zu vermitteln. Dann wäre Kommunikation wohl eher unproblematisch. Es gibt jedoch noch drei weitere Seiten der Nachricht, die der Aussage ihre Bedeutung verleihen. Dies ist eine häufige Ursache für Missverständnisse in der zwischenmenschlichen Kommunikation.

2. Beziehung: Was ich von meinem Gesprächspartner halte und wie wir zueinander stehen

Beziehungssignale

Aus der Nachricht geht ferner hervor, wie der Sender zum Empfänger steht. Oft zeigt sich dies in der gewählten Formulierung, im Tonfall und anderen nicht sprachlichen Begleitsignalen. Für diese Seite der Nachricht hat der Empfänger oft ein besonders empfindliches Ohr, denn hier fühlt er sich als Person in bestimmter Weise behandelt (angenommen oder abgelehnt). Allgemein gesprochen: Eine Nachricht senden heißt also auch immer, zu dem Angesprochenen eine bestimmte Art von Beziehung auszudrücken.

3. Appell: Wozu ich dich veranlassen möchte

Appell

Kaum etwas wird einfach nur so gesagt – fast alle Nachrichten haben die Funktion, den Empfänger zu etwas zu veranlassen. Dieser Versuch, Einfluss zu nehmen, kann mehr oder minder offen oder versteckt sein – im letzteren Falle sprechen wir von Manipulation. Der manipulierende Sender scheut sich nicht, auch die anderen drei Seiten der Nachricht in den Dienst der Appellwirkung zu stellen. Die Berichterstattung auf der Sachseite ist dann einseitig und tendenziös, die Selbstdarstellung ist darauf ausgerichtet, beim Empfänger eine bestimmte Wirkung zu erzielen (z. B. Gefühle der Bewunderung oder Hilfsbereitschaft). Auch die Botschaften auf der Beziehungsseite mögen von dem heimlichen Ziel bestimmt sein, den anderen bei Laune zu halten (etwa durch unterwürfiges Verhalten oder durch Komplimente). Wenn Sach-, Selbstoffenbarungs- und Beziehungsseite auf die Wirkungsverbesserung der Appellseite ausgerichtet werden, werden sie funktionalisiert, d. h. sie spiegeln nicht wider, was ist, sondern werden als Mittel zur Zielerreichung eingesetzt.

4. Selbstoffenbarung: Was ich von mir selbst kundgebe

Selbst-offenbarung

In jeder Nachricht stecken auch Botschaften über den Sender (Ich-Botschaft). Allgemein gesagt: In jeder Nachricht steckt ein Stück Selbstoffenbarung des Senders, wobei damit sowohl die gewollte Selbstdarstellung als auch die unfreiwillige Selbstenthüllung einzuschließen ist. Durch jede Nachricht gibt man etwas über sich selbst preis.

Die Nachricht als Gegenstand der Analyse

Wenn Sie eine Kommunikationssituation analysieren möchten, um sie zu verstehen, ist es demnach notwendig, neben der Sachinformation auch die anderen drei Kommunikationsaspekte zu berücksichtigen. Das gilt insbesondere dann, wenn Probleme auftauchen – meist in Form von Konflikten oder Missverständnissen zwischen Sender und Empfänger. Abhilfe kann dabei die Metakommunikation schaffen.

Metakommunikation

Metakommunikation ist der Versuch, aus einer gewissen Distanz heraus über die Kommunikation und die Botschaften zu sprechen. Dabei zeigt sich oft, dass nicht die Sachseite problematisch ist, sondern vor allem die anderen drei Seiten mit all ihren kritischen Aspekten. Das hier vorgeschlagene Vier-Seiten-Schema kann dabei ein hilfreiches Muster sein, das man über die Kommunikation legt und anhand dessen man die Missverständnisse erkennen und beseitigen kann.

Beispiel Metakommunikation

Metakommunikation können Sie als Lehrer in einem Gespräch einsetzen, um Konflikten vorzubeugen bzw. Konflikte zu klären. Wir möchten Ihnen an dieser Stelle die Technik an einem kurzen Beispiel verdeutlichen.

Lehrer: *Ich habe das Gefühl, wir kommen gerade an dieser Stelle in unserem Gespräch nicht weiter. Wenn Sie einverstanden sind, möchte ich die Gelegenheit nutzen und das bisherige Gespräch noch einmal kurz zusammenfassen und mit Ihnen gemeinsam überlegen, woran das liegen könnte. Ich denke, wir haben schon gemeinsam herausgefunden, wo das Problem liegt, und sind hier einer Meinung. Ich wünsche mir, dass wir gemeinsam an einer Lösung arbeiten und würde mich freuen, wenn Sie sich auch an der Umsetzung der Lösung beteiligen. Haben Sie vielleicht das Gefühl, ich würde ihnen meine Ideen einfach überstülpen wollen? Könnte es sein, dass wir deshalb stocken?*

Authentisch kommunizieren

Wichtig ist, in Kommunikationssituationen auch auf die drei eher „versteckten" Seiten einer Nachricht einzugehen und so zu kommunizieren, dass zwischen den vier Seiten einer Nachricht Übereinstimmung entsteht. Diese Übereinstimmung wird auch Authentizität genannt.

Missverständnisse vermeiden

Weitere Maßnahmen zur Vermeidung von Missverständnissen und Konflikten sind:

1. Auf Seiten des Senders:

- sich die eigene Intention bewusst machen.
- möglichst klare Botschaften senden.

2. Auf Seiten des Empfängers:

- sich die eigenen Empfangsgewohnheiten bewusst machen.
- aufmerksam sein, mit welchem „Ohr" aktuell eine Nachricht gehört wird.
- dem Empfänger Feedback geben.

Die folgende Abbildung fasst noch einmal wichtige Aspekte für eine gelungene Kommunikation für die vier Seiten zusammen und berücksichtigt dabei auch Sender- und Empfängerverhalten.

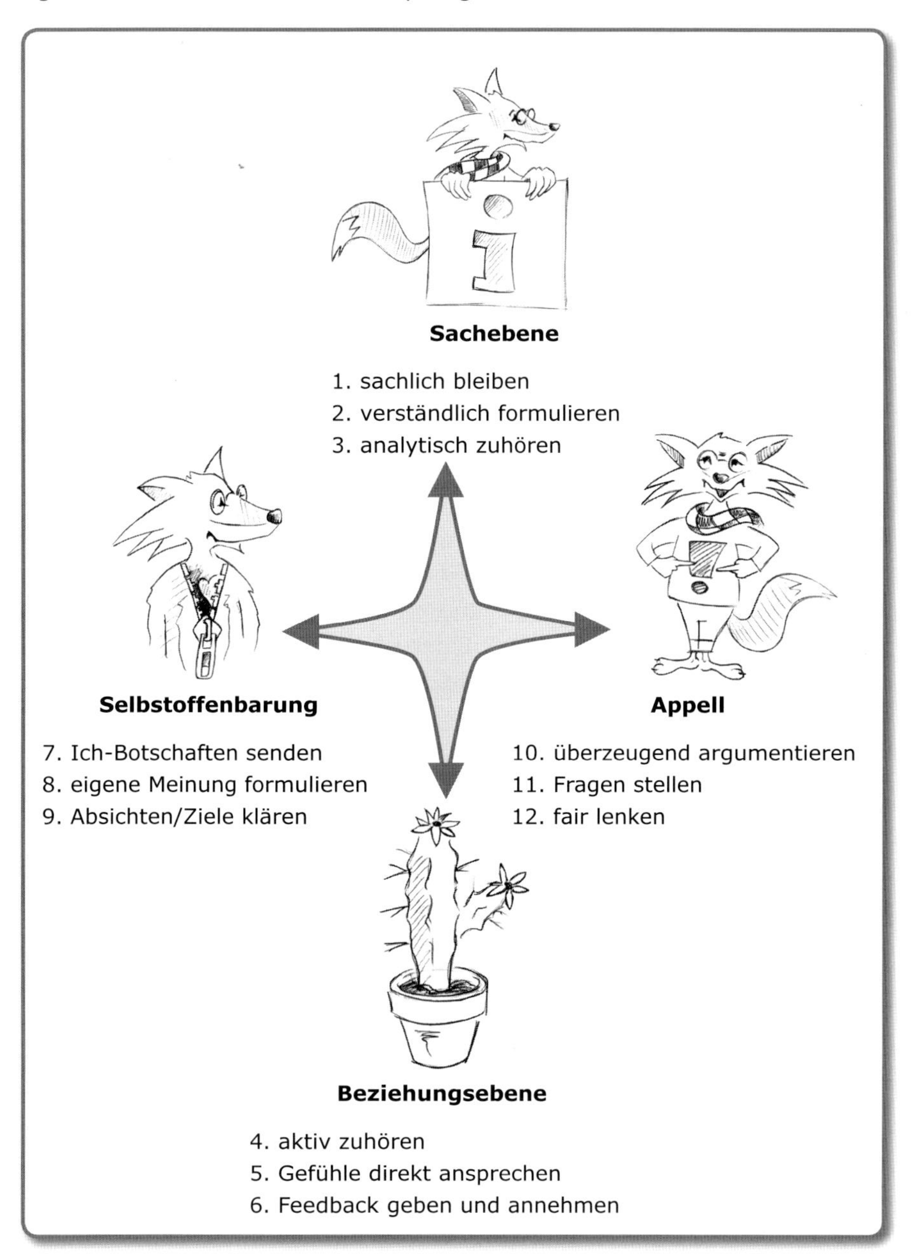

Abb. 4: Grundregeln für eine gelungene Kommunikation

3 Die Grundhaltung des Beraters – ein erster Schritt zu einem erfolgreichen Beratungsgespräch

Die Grundhaltung des Beraters gegenüber dem Ratsuchenden ist ein zentraler Aspekt in Gesprächssituationen. Da jede Kommunikation immer vier Seiten hat und insbesondere auf der Beziehungsebene viele Botschaften mitschwingen können, die in einem Beratungsgespräch große Bedeutung haben können, ist die Grundhaltung des Beraters besonders bedeutend. In Gesprächen zwischen Lehrern und Eltern geht es meist um das Kind/den Jugendlichen, seine schulischen Leistungen, sein Verhalten, aufgetretene Probleme usw. Manchmal kommen Eltern und Lehrer sehr schnell zu einer gemeinsamen Auffassung der Situation und können sich gemeinsam auf Lösungsansätze festlegen. Es gibt allerdings auch Situationen, in denen es Eltern und Lehrern nur schwer gelingt, eine gemeinsame Auffassung der Situation zu erarbeiten. Zunächst ist auch in solchen Situationen davon auszugehen, dass Eltern und Lehrer aus ihrer Perspektive heraus das Beste für das Kind/den Jugendlichen erreichen möchten, allerdings gibt es womöglich unterschiedliche Auffassungen darüber, was das Beste ist. Wichtig ist es, in solchen Situationen das Engagement der Eltern zu betonen – immerhin haben sie sich zu einem Gesprächstermin eingefunden, dies zeigt bereits ein gewisses Interesse. Es kann auch hilfreich sein, den Eltern zu verdeutlichen, dass die Wünsche von Ihnen als beratender Lehrer und den Eltern sich gar nicht so sehr unterscheiden oder dass es Gemeinsamkeiten in den Zielen gibt, aber unterschiedliche Ansichten zu dem Weg, dieses Ziel zu erreichen. Die Gemeinsamkeit in der Zielsetzung können Sie als Basis für das weitere Gespräch heranziehen. Es ist hilfreich, wenn Sie an dieser Stelle bereits verdeutlichen, dass eine Zusammenarbeit und Kooperation beider Seiten entscheidend und für den Schüler sehr hilfreich ist.

Gemeinsame Auffassung erarbeiten

Engagement der Eltern hervorheben

Kooperation betonen

Durch dieses Vorgehen können einige vermeintlich problematische Situationen aufgefangen werden (z. B. Eltern fühlen sich unterlegen oder angegriffen). Sie zeigen den Eltern, dass Sie als beratender Lehrer gemeinsam mit den Eltern Lösungsansätze erarbeiten möchten. Sie vermitteln den Eltern, dass sie die Lösungsansätze mitbeeinflussen und gestalten können und dass Sie als beratender Lehrer die Position der Eltern wertschätzen.

Wertschätzung vermitteln

Dies ist wichtig, denn Eltern fühlen sich Ihnen als Lehrer manchmal unterlegen, sie fühlen sich angegriffen oder auch zu Unrecht zum Gespräch gebeten. Manchmal sind sie unzufrieden oder gar wütend. Oft fühlen sie sich unsicher. Auch Sie als Lehrer haben manchmal bereits vor dem Gespräch spezifische Erwartungen, wie das Gespräch verlaufen soll, welche Themen angesprochen werden sollten und wie das Gespräch ausgehen wird. Zuweilen sind Sie optimistisch, was den Gesprächsverlauf angeht, zuweilen befürchten Sie aber auch, von den Eltern kritisiert oder gar beschimpft zu werden. Diese Erwartungen und Befürchtungen von Eltern und Lehrern können dazu führen, dass sich ein Gespräch nicht ausschließlich positiv entwickelt und sich die Gesprächspartner nicht auf eine gemeinsame Suche nach Lösungen einlassen. Ihre Grundhaltung als beratender Lehrer gegenüber den Eltern kann helfen, die kooperative Haltung der Eltern zu fördern. Dabei ist es besonders wichtig, das Selbstwertgefühl der Eltern zu stärken und sie so anzunehmen, wie sie sind.

Selbstwertgefühle der Eltern stärken

Das Fundament einer erfolgreichen Gesprächsführung ist die Grundeinstellung des Beraters, in die sein Menschenbild und seine Persönlichkeit mit einwirken. Hennig und Ehinger (2003) führen dabei insbesondere fünf Aspekte auf:

- Empathie
- Berücksichtigung des Lebenskontexts
- Stärkung der Eigenverantwortung
- Beachtung der Ressourcen
- Fokussieren auf Lösungen

Empathie – sich einfühlen in die Perspektive des Gesprächspartners

Empathie meint ein Mitfühlen, ein sensibles Wahrnehmen der Gefühle und Befindlichkeiten, die Akzeptanz der Eltern. Hier geht es um das Einfühlungsvermögen in die spezifische Situation der Eltern, in ihre subjektive Weltsicht, ihr Denken, Handeln und Fühlen. Damit verbunden ist auch die Kongruenz und Authentizität, d. h. dass die verbale und die nonverbale Kommunikation übereinstimmen und keine unterschiedlichen Botschaften gesendet werden. Die folgende Abbildung gibt ein Beispiel für nicht kongruente und kongruente Kommunikation.

Gefühle wahrnehmen und akzeptieren

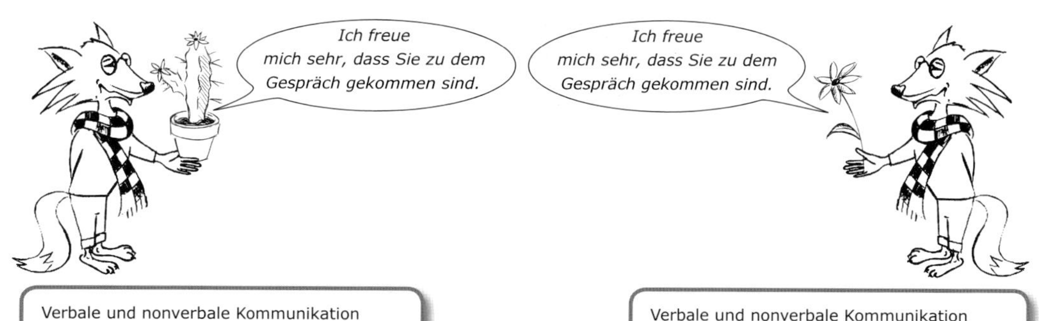

Abb. 5: Nicht kongruente und kongruente Kommunikation

Berücksichtigung des Lebenskontextes des Ratsuchenden

Wir leben in einem großen Netzwerk von privaten und beruflichen Beziehungen. In Beratungsgesprächen ist es wichtig, neben dem aktuellen Beratungsanlass auch den Kontext, in dem dieser aufgetreten ist, sowie allgemein den Lebenskontext des Schülers und der Eltern zu betrachten. Um sich in die Situation des Schülers und der Eltern hineinzuversetzen, ist die Frage danach, wie man sich selbst in dieser Situation fühlen würde, hilfreich. Das Nachdenken über diese Frage und das Formulieren von Antworten hilft, die Situation der Gesprächspartner nachzufühlen und seine Gefühle und Argumente zu verstehen. Zudem ist dies ein wichtiger Schritt im Hinblick auf die Suche nach den Stärken und den Ressourcen des Schülers/der Eltern und dem Ableiten von Lösungsmöglichkeiten. Hierbei sind unterschiedliche Bereiche des Lebenskontextes zu beachten, wie z. B. Familie, Freundeskreis und Schule (siehe auch Abschnitt zur Ressourcenorientierung).

Sich in den Gesprächspartner hineinversetzen

Stärkung der Eigenverantwortlichkeit – Wer ein Problem hat, hat auch eine Lösung

Beratung ist immer Hilfe zur Selbsthilfe

Für das eigene Denken, Fühlen und Handeln ist und bleibt jeder selbst verantwortlich. Dies gilt auch für Beratungssituationen, denn Beratung ist immer eine Hilfe zur Selbsthilfe. Die Bereitschaft zu Kooperation und Verhaltensänderung der Eltern gilt es im Gesprächsverlauf zu unterstützen. Es ist wichtig, dass die Eltern die Situation als durch das eigene Handeln veränderbar und kontrollierbar erleben (Selbstwirksamkeit). Denn wenn die Eltern eine Situation als unveränderbar und nicht kontrollierbar erleben, ist es sehr wahrscheinlich, dass sie passiv bleiben, sich hilflos fühlen und sich dem Beratungsprozess eher verweigern. Ein wichtiger Ansatzpunkt für gelingende Beratung und Kooperation ist es, die Balance zwischen Förderung des Autonomieempfindens und der Selbstwirksamkeit der Eltern einerseits und dem manchmal notwendigen Ratgeben und Hinweisen auf Problempunkte andererseits zu finden. Diese Balance ist sicherlich eine große Herausforderung, aber wenn sie gefunden ist, nehmen Beratungsgespräche oft einen sehr positiven Verlauf.

Selbstwirksamkeit fördern

Ressourcenorientierung – Handle stets so, dass sich die Anzahl der Möglichkeiten vergrößert

Ressourcen ansprechen

Im Beratungsprozess sollten Sie als beratender Lehrer insbesondere die Stärken und die Ressourcen der Eltern (Ratsuchende) – d. h. die psychischen, physischen, sozialen und materiellen Mittel, die bei der Bewältigung von Anforderungen und Problemen hilfreich sein können – berücksichtigen und ansprechen. So kann auf Seiten der Eltern das Vertrauen in die eigenen Möglichkeiten und damit auch in den Erfolg der Beratung gestärkt werden. Die Selbstwirksamkeit und die Eigenverantwortung werden auf diese Weise gefördert. Das Leitmotto lautet also: Schatzsuche statt Fehlerfahndung! Häufig führt dies auch zu einem Ansteigen der Kooperationsbereitschaft. Wichtig ist es, den Fokus auch auf die Ressourcen des Kindes/des Jugendlichen, der Lehrer und verfügbarer Institutionen zu erweitern, um dem Lebensumfeld des Schülers in seiner Fülle von Einflussfaktoren gerecht zu werden.

Vertrauen in die eigenen Möglichkeiten stärken

Schatzsuche statt Fehlerfahndung

Das Hervorheben positiver Aspekte des Schülers und der Eltern fördert die Bereitschaft der Eltern, sich dem Problem zu stellen und es anzugehen. Das Lebensumfeld des Kindes/des Jugendlichen und der Eltern sollte in seiner Fülle von Einflussfaktoren positive Berücksichtigung finden (z. B. Freundeskreis, Familie, besondere Fähigkeiten, Aktivitäten im Verein/Sportgruppen/Jugendgruppen). Eventuell kann es zudem hilfreich sein, wenn Sie auch Ihre Ressourcen als beratender Lehrer/Klassenlehrer einfließen lassen oder auf Institutionen verweisen, die zusätzlich herangezogen werden könnten (z. B. Beratungsstellen, Zusammenarbeit mit Sportvereinen, ...).

Unterschiedliche Lebensbereiche betrachten

Systemische Perspektive

Aus der systemischen Perspektive betrachtet wird angenommen, dass sich das gezeigte Verhalten – auch das problematische – in einem bestimmten Kontext als sinnvoll erweist. Diese Betrachtungsweise führt dazu, dass das Problemverhalten hinterfragt und in einen positiven Handlungszusammenhang gestellt wird. Es wird nicht nur als problematisch, ungezogen oder böswillig wahrgenommen. Vielmehr wird die Möglichkeit in Betracht gezogen, dass hinter diesem problematischen Verhalten eine gute Absicht stecken könnte: die Absicht, ein Problem zu lösen – mit den Ressourcen, die der Person zur Verfügung stehen.

Deshalb stellen sich bei der Betrachtung des Problemverhaltens von Schülern folgende Fragen:

- In welchem Kontext wäre das gezeigte Verhalten sinnvoll?
- In welcher positiven Absicht wird es in diesem Kontext gezeigt?

Um zu verstehen, mit welchem Ziel das Problemverhalten gezeigt wird, und um Vorschläge zur Veränderung des Verhaltens zu entwickeln, ist es hilfreich, Vermutungen darüber aufzustellen, welche Funktion das Verhalten in den Situationen, in denen es auftritt, erfüllt.

Funktion des Problemverhaltens

Probleme nicht verallgemeinern

Wichtig ist dabei auch, nach Ausnahmen zu suchen. Dabei gilt es, Situationen zu erfragen und beschreiben zu lassen, in denen das Verhalten *nicht* auftritt. Es sollte vermieden werden, allgemeine Aussagen über das Problemverhalten zu treffen. Es ist hilfreich, bereits bei der Beschreibung der Problemsituation darauf zu achten, dass Sie als beratender Lehrer die Rahmenbedingungen, in denen das Problem auftritt, klar eingrenzen und verdeutlichen, dass es eben auch Situationen gibt, in denen das problematische Verhalten nicht auftritt. Durch das Aufzeigen solcher Ausnahmen signalisieren Sie den Eltern, dass Sie das Kind/den Jugendlichen durchaus in unterschiedlichen Situationen wahrnehmen und nicht nur auf das Problemverhalten fokussieren. Sie verdeutlichen, dass das Problemverhalten nicht immer gegeben ist und es dadurch veränderbar ist.

Ausnahmen ansprechen

Hilfreiche Verhaltensweisen

Manchmal hilft es, den Schwerpunkt im Gespräch von der schulischen Situation zu verlagern und andere Lebensbereiche (z.B. Verhalten in der Familie, in der Freizeit ...) zu betrachten. Allein die Erkenntnis, dass das Verhalten nicht immer auftritt, wirkt für Schüler und Eltern in Beratungsgesprächen oft schon erleichternd. Nicht zuletzt deshalb, weil sie häufig selbst vor allem das Problem sehen. Verstärkt wird dieser Effekt dadurch, dass sie von vielen anderen darauf angesprochen werden und es „allgegenwärtig" erscheint.

Die angesprochenen Verhaltensweisen werden in den folgenden vier Kästen noch einmal anhand von Beispielen dargestellt.

Verallgemeinernde Problembeschreibung
Johanna macht ihre Hausaufgaben nie vollständig.
Markus hat nie alle Bücher dabei.

Situationsspezifische Rückmeldung
Johanna macht ihre Hausaufgaben in Mathematik nie vollständig, wenn es um einfache Rechenaufgaben geht.
Markus hat in den letzten zwei Wochen im Deutschunterricht und im Geschichtsunterricht seine Bücher nicht dabei gehabt.

Frage nach Ausnahmen
In manchen Fächern hat Johanna sicherlich ihre Hausaufgaben vollständig. Wissen Sie, welche Fächer das sind?
An welchen Tagen vergisst Markus seine Bücher, an welchen Tagen vergisst er sie nicht?

Wechsel des Handlungskontexts
Vergisst Johanna, Klavier zu üben?
Kommt es vor, dass Markus seine Handballschuhe vergisst, wenn er zum Training geht?

Lösungsfokussierung

Suche und Diskussion von Lösungen

Ein wichtiges Ziel in Beratungsgesprächen ist es, Lösungsansätze zu erarbeiten. Deshalb sollte der Suche und Diskussion von Lösungen im Beratungsprozess ein hoher Stellenwert eingeräumt werden. Bevor dies erfolgen kann, ist es allerdings wichtig, eine gemeinsame Ansicht des Problems bzw. eine gemeinsame Problemdefinition zu erarbeiten, z. B. mit dem SORK-Schema aus Kapitel V, denn dies liefert wichtige Hinweise für die Lösungsfindung. Als grobe Richtlinie für die Zeiteinteilung wird eine prozentuale Verteilung der Gesprächsanteile von 20 % Problemdefinition und 80 % Lösungssuche und -diskussion empfohlen. Dies kann sicherlich nicht in jedem Beratungsgespräch so umgesetzt werden. Allerdings ist es hilfreich, einen längerfristigen Beratungsprozess entsprechend auszurichten.

Unterschiedliche Sichtweisen berücksichtigen

In Beratungssituationen sind die Sichtweisen der Eltern und auch des Schülers selbst von besonderer Bedeutung. Es ist wichtig, dass Sie als beratender Lehrer einen Zugang zu den subjektiven Sichtweisen der Eltern und Schüler erhalten. Nur wenn diese berücksichtigt werden, kann Beratung erfolgreich sein.

Dabei werden Sie feststellen, dass das Problem für den ratsuchenden Schüler bzw. die Eltern oft unlösbar erscheint. Häufig liegt dies daran, dass die Ressourcen (z. B. Handlungsweisen, Strategien) zur Lösung des Problems nicht wahrgenommen bzw. erkannt werden. Die Eltern/Schüler fühlen sich hilflos, sind verzweifelt und wissen nicht mehr weiter. Manchmal äußert sich dies auch in Unverständnis für die Situation („Ich weiß gar nicht, warum Sie mich zu diesem Gespräch eingeladen haben.") bzw. in einem „Herunterspielen" der Probleme („Ich weiß gar nicht, warum Sie sich so aufregen, ich finde, das ist alles nicht so schlimm."). Die Suche nach Ressourcen beinhaltet einen ersten Schritt: Sie gibt den Schülern/Eltern das Gefühl, Stärken zu haben, die sie zur Lösung des Problems einsetzen können. Dadurch fühlen sie sich dem Problem nicht mehr „ausgeliefert".

Lösungswege erlebnis- und verhaltensnah beschreiben

Um die Lösung erfahrbar, greifbar und erstrebenswert zu machen, sollten Sie als beratender Lehrer in dem Gespräch gemeinsam mit dem Schüler/den Eltern eine sehr erlebnisnahe und verhaltensnahe Beschreibung der Lösungswege erarbeiten.

Auch die mit der Lösung verknüpften Emotionen sollten besprochen werden.

- Wie fühlst du dich, wenn deine Prüfungsangst nicht mehr so stark ist?
- Woran würdest du es erkennen?
- Wie fühlen Sie sich, wenn die Probleme bei den Hausaufgaben nicht mehr so oft auftreten?
- Was wäre dann anders beim Kontrollieren der Hausaufgaben?

Bei den Schülern/Eltern löst dies Motivation und Potenzial zur Lösungsfindung aus: Sie finden einen Zugang zu ihren Kompetenzen, ihr Selbstwertgefühl steigt und sie empfinden Zuversicht und Hoffnung.

Ziele sind handlungsleitend und motivierend

Die Formulierung eindeutiger und konkreter Ziele knüpft direkt an das Konzept der Lösungsfokussierung an. Nachdem eine Lösung angedacht ist, sollte sie in Form von Endzielen und Teilzielen konkretisiert werden. Denn: Ziele sind handlungsleitend und wirken zudem motivierend.

„Wer das Ziel nicht kennt, kann den Weg nicht finden." *(Christan Morgenstern)*

In Beratungssituationen können die Zielfindung und die Zielformulierung durch hinführende und konkretisierende Fragen unterstützt werden.

Beispiele für Zielfragen

Schüler/Eltern	Lehrer/Berater
Ich möchte mit meinen Kindern nicht mehr so viel schimpfen.	**Wie** möchten Sie zukünftig mit Ihren Kindern umgehen? **Was** möchten Sie am liebsten mit Ihren Kindern tun?
Wir wollen weniger miteinander streiten.	**Was** möchten Sie genau am liebsten miteinander machen? **Wie** wollen Sie miteinander umgehen?
Ich möchte mich weniger aufregen.	**Wie** möchten Sie reagieren?

Schüler/Eltern	Lehrer/Berater
Ich möchte mehr lernen.	**Wie** viele Stunden möchtest du am Tag lernen?
Ich möchte mich besser konzentrieren.	**Was** musst du tun, um dich besser konzentrieren zu können?
Ich möchte keine Angst vor Klassenarbeiten haben.	**Was** möchtest du tun und denken? **Wie** möchtest du in die Klassenarbeiten gehen? Beschreibe mir das genau.

Persönliche Ziele entwickeln

Fragen dieser Art helfen den Schülern bzw. Eltern, in Beratungsgesprächen persönliche Ziele zu finden. Diese stimmen manchmal nicht unbedingt mit den Zielen des Lehrers für den Schüler/die Eltern überein. Ein starres Festhalten und Vorgeben von Zielen führt jedoch zu Widerstand auf Seiten des Schülers/der Eltern und gefährdet die weitere Zusammenarbeit.

Ziele abstimmen

Wichtig ist hier, eine ausgewogene Position zwischen dem Beharren auf Zielen und dem Überlassen von Freiraum zu finden. Dabei ist jedoch immer die Situation der Schüler und Eltern zu berücksichtigen, basierend darauf sind die Ziele auszuhandeln. Sie müssen für alle Beteiligten Anreiz beinhalten, erstrebenswert sein und den Ressourcen entsprechen. Bei der konkreten Formulierung von Zielen hat es sich bewährt, nach dem SMART-Modell vorzugehen, das in Kapitel III zur Lernberatung beschrieben wird.

4 Struktur des Beratungsgesprächs – so behalten Sie den roten Faden

Gesprächsphasen

Grundsätzlich können Gespräche in drei Gesprächsphasen untergliedert werden: die Aufwärmphase, den Gesprächskern (s. Abb. darunter) und die Phase des Abschieds.

Was geschieht in den einzelnen Phasen und welche Ziele verfolgen erfolgreiche Berater jeweils?

Aufwärmen und Kontakt herstellen

1. Anfangsphase/Kontaktphase

In der Aufwärmphase ist es wichtig, Kontakt mit allen Anwesenden herzustellen und eine freundliche, angenehme Atmosphäre zu schaffen. Sprechen Sie den funktionierenden Alltag an, sorgen Sie für Offenheit, versuchen Sie, eventuell vorhandene Ängste zu reduzieren und Aufgeregtheit abzubauen. Erst wenn Sie diese Punkte berücksichtigen, sind alle Gesprächsbeteiligten bereit für das eigentliche Gespräch.

2. Gesprächskern (nach Sickinger, 2006)

Der Gesprächskern kann nach dem PELZ-Modell von Sickinger in vier Punkte untergliedert werden:

Strukturierung mit dem PELZ-Modell nach Sickinger

P Problemwahrnehmung und Problemdefinition

In diesem ersten Punkt geht es darum, das konkrete Problem zu bestimmen. Dabei sind Fragen relevant wie „Was ist der aktuelle Anlass?" und „Worin besteht für den Einzelnen das Problem?"

E Erklärungsmodelle

Hier wird nach den Erklärungen der Einzelnen zur Problemstellung gefragt. Durch diesen Schritt eröffnen sich für den Ratsuchenden neue Perspektiven zur Problemstellung.

L Lösungsversuche

An diesem Punkt im Gespräch werden die Handlungsalternativen besprochen und bereits erprobte Lösungsversuche analysiert. Der Ratsuchende wird sich dadurch seiner Ressourcen bewusst und kann Lösungsideen entwickeln.

Z Ziele und Zielvereinbarungen

Im letzten Schritt werden die gewünschten Ergebnisse der Einzelnen angesprochen und die angestrebten Teil- und Endziele konkretisiert. Der Ratsuchende erhält dadurch eine klare Vorstellung von seinen Zielen und kann eintretende Verbesserungen besser wahrnehmen.

Die Beratungsarbeit kann in der speziellen Gesprächssituation und -phase durch zielgerichtetes Fragen unterstützt werden. Diese Fragen können auch herangezogen werden, wenn es gilt, Gespräche zu strukturieren. Für die einzelnen Aspekte des PELZ-Modells werden Beispielfragen aufgeführt, die Sie bei der Anwendung des Modells in Beratungsgesprächen unterstützen können.

Unter der Lupe: Strukturierung des Gesprächskerns mit dem PELZ-Modell

P – Problemwahrnehmung und Problemdefinition

- Wer hat den Anstoß gegeben, zur Beratung zu kommen?
- Was meinen die Einzelnen, warum sie geschickt wurden?
- Sind alle Anwesenden damit einverstanden, hier zu sein?
- Wer ist dagegen und aus welchen Gründen?
- Was hat evtl. jemanden dazu bewogen, nicht anwesend zu sein?

Gesprächseinstiege: Wenn Eltern sich angemeldet haben

- Was ist der aktuelle Anlass, die Beratung aufzusuchen?
- Worin besteht für den Einzelnen das Problem?
- Wann trat das Problem zum ersten Mal auf?
- In welchem Zusammenhang tritt es auf?
- Was verhindert das Auftreten?
- Wen belastet es am meisten?
- Mit wem wurde darüber gesprochen?

Gesprächseinstiege: Wenn Lehrer zum Gespräch einladen

- Ich habe Sie zu diesem Gespräch gebeten, um Folgendes zu besprechen: ...
- Wie sehen Sie das? → Dann mit PELZ-Modell weiter fortfahren.

E – Erklärungsmodelle

- Wie erklären sich die Einzelnen das Problem?
- Was vermuten die Familienmitglieder über Erklärungsideen der zurzeit nicht anwesenden Mitglieder?
- Falls die Erklärungen unterschiedlich sind, wie kommt das?
- Gibt es möglicherweise noch Erklärungen, die bisher nicht genannt wurden?

L – Lösungsversuche

- Gab es früher schon einmal ähnliche Schwierigkeiten? Wie wurde damit umgegangen? Wie wurden diese gelöst?
- Was haben die Einzelnen getan, um das Problem zu lösen? Auf welche Weise?
- Was tun die Einzelnen, wenn das Problem auftritt? Mit welchem Ergebnis?
- Welche Lösungsversuche waren besonders hilfreich, welche eher nicht?
- Welche Ideen gibt es, die bisher noch nicht versucht wurden? Welche Ergebnisse sind hier zu erwarten?
- Gab es schon einmal eine Situation, die schlimmer war als die momentane? Ist diese damalige Situation auf heute übertragbar?
- Gibt es Unterstützung von außerhalb?

Z – Ziele

- Welches Ziel haben die Einzelnen?
- Wie genau wird die Umsetzung aussehen?
- Woran werden die Einzelnen merken, dass das Ziel erreicht ist?
- Was werden sie dann anderes tun als heute?
- Wenn unser Gespräch erfolgreich wäre, wie sähe Ihre Situation dann am Ende der Beratung aus?

(in Anlehnung an Sickinger, 2006)

3. Verabschiedung

Ergebnisse sichern

Sobald die Zielvereinbarungen festgelegt sind, ist es wichtig, ein klares Ende zu setzen und die Vereinbarungen zusammenzufassen. Bitten Sie um einen weiteren Gesprächstermin, sofern Sie dies für erforderlich halten. Geben Sie zum Schluss ein positives Feedback an die Beteiligten (Eltern, Schüler), versuchen Sie diese für die bevorstehenden Aufgaben zu stärken, zu ermutigen und zu motivieren. Berücksichtigen Sie mögliche Vereinbarungen im Umgang mit dem Schüler im Alltag. Positiver Zuspruch erleichtert die Umsetzung der Ziele und hält die Motivation, diese zu erreichen, aufrecht.

III Lernberatung

1 Warum Lernberatung?

Fallbeispiel: Marc

Marc, ein Schüler der 8. Klasse, hat eher befriedigende bis ausreichende Leistungen. Oft verhaut er Arbeiten und schafft es erst gegen Ende des Schuljahres, die gefährdete Versetzung zu erreichen. Die Eltern, insbesondere die Mutter, sind von seinen schwachen schulischen Leistungen sehr enttäuscht und auch gestresst. Sie haben kein Verständnis für seine offensichtliche Faulheit. Marc ist im Unterricht ein eher stiller und zurückhaltender Schüler. Er meldet sich kaum, kann jedoch teilweise mit guten Unterrichtsbeiträgen glänzen. Die Mutter glaubt, dass Marc keinen Ehrgeiz hat und sich nicht für die Schule motivieren kann. Wenn etwas nicht klappt, hat Marc immer die Ausrede, dass es an dem jeweiligen Lehrer liege.

Lernberatung gewinnt an Bedeutung

Die Beratung von Schülern zum Lernen und von Eltern zur Unterstützung von Lernprozessen zu Hause hat in den letzten Jahren zunehmend an Bedeutung gewonnen. Dafür gibt es unterschiedliche Gründe: Ein Aspekt sind sicherlich die veränderten schulischen und beruflichen Anforderungen, mit denen die Schüler heute konfrontiert werden. Das selbstständige – auch selbstregulierte – Lernen und Erarbeiten von Inhalten hat an Bedeutung gewonnen. Entsprechende Kompetenzen werden von den Schülern erwartet, wenn sie nach der Schule in den Berufsalltag einsteigen, und sie werden auch als Bildungsziele formuliert.

Für die Schüler bedeutet dies, dass sie entsprechende Kompetenzen im Laufe ihrer Schullaufbahn erwerben sollten – und für die Eltern ergeben sich Unterstützungsmöglichkeiten, aber auch viele Fragen, wie sie ihre Kinder denn nun „richtig" unterstützen können.

Insbesondere bei den Hausaufgaben und beim Lernen zu Hause wird das selbstregulierte Lernen wichtig, denn hier gibt es keine „Kontrolle" oder „Anleitung" durch den Lehrer. Für Eltern ist die Betreuung der Hausaufgaben oft eine konfliktbehaftete Situation – nicht selten kommt es zum Streit zwischen dem Kind/dem Jugendlichen und den Eltern. Eltern sind sich dabei oft unsicher, wie sie ihr Kind beim Lernen richtig unterstützen können, und wünschen sich Beratung durch den Lehrer.

Als Lehrer sind Sie ein Experte für das Gestalten und Unterstützen von Lernprozessen und können Eltern wichtige Hinweise geben, wie sie ihr Kind dabei unterstützen können, Ziele zu formulieren und zu erreichen,

Selbstvertrauen zu entwickeln, Verantwortung zu übernehmen und über das eigene Lernverhalten nachzudenken.

Ansatzpunkte der Lernberatung

In diesem Kapitel stellen wir eine Auswahl von Strategien und Tipps vor, die Sie als konkrete Ansatzpunkte für eine Lernberatung heranziehen können. Viele der Strategien und Tipps wurden in ersten Versionen im Rahmen des von der Deutschen Forschungsgemeinschaft finanzierten Schwerpunktprogramms Bildungsqualität von Schule (2000 – 2006) am Institut für Psychologie[2] an der Technischen Universität Darmstadt entwickelt und erprobt. In diesem Buch werden Weiterentwicklungen der Strategien und Tipps vorgestellt. Als Rahmenmodell zur Strukturierung des Lernens und zur Einordnung von Lernproblemen mit den jeweiligen Strategien und Tipps, beziehen wir uns auf das Modell des selbstregulierten Lernens nach Schmitz & Schmidt (2007). Dieses Modell stellen wir Ihnen im Folgenden kurz vor.

2 Grundlagen des selbstregulierten Lernens

Der Begriff des **selbstregulierten Lernens** begegnet uns heutzutage sehr häufig – insbesondere, wenn man, so wie Sie, in einem pädagogischen Berufsfeld arbeitet. Sicherlich haben Sie sich auch schon gefragt: Was ist das eigentlich, das selbstregulierte Lernen? Was steckt dahinter? In der Literatur finden sich unterschiedliche Konzeptionen und Modelle, die auf verschiedenen theoretischen Überlegungen basieren.

Phasen des Lernprozesses

Wir beziehen uns in diesem Kapitel auf das Modell des selbstregulierten Lernens nach Schmitz und Schmidt (2007). Wir haben uns für dieses Modell entschieden, da es sich in vielen Seminaren und Workshops mit Schülern, Eltern und Lehrern als sehr geeignet erwiesen hat. Wir werden das Modell insbesondere heranziehen, um die Struktur des Lernprozesses zu verdeutlichen und die vorgestellten Strategien und Tipps entsprechend einzuordnen. Deshalb werden wir eine vereinfachte Version des Modells heranziehen.

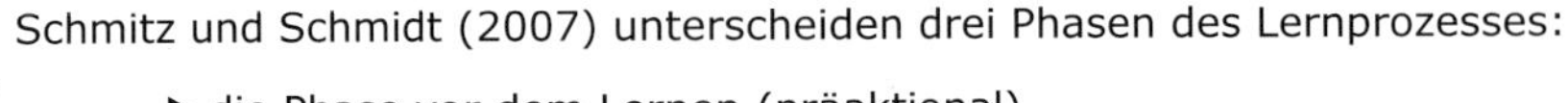

Schmitz und Schmidt (2007) unterscheiden drei Phasen des Lernprozesses:

- die Phase vor dem Lernen (präaktional),
- die Phase während des Lernens (aktional) und
- die Phase nach dem Lernen (postaktional).

Diese drei Phasen laufen nacheinander ab und beinhalten jeweils spezifische Aspekte.

[2] Arbeitsgruppe Pädagogische Psychologie, Prof. Dr. Bernhard Schmitz

Der Phase **vor dem Lernen** können die Aspekte Zielsetzung, Motivation und Planung von Lernprozessen (Zeitplanung, Planung von Strategien zur Aufgabenbearbeitung) zugeordnet werden. Zur Phase **während des Lernens** zählen der Umgang mit Ablenkern, das Dranbleiben an Aufgaben (Volition) und der Einsatz von Lernstrategien. **Nach dem Lernen** wird über den Lernprozess nachgedacht. Dabei sind insbesondere die Ursachenzuschreibung, der Umgang mit Fehlern und die Bezugsnormierung von Bedeutung. Die Phasen des Lernprozesses und die dazugehörigen spezifischen Aspekte werden im Berg des Lernens (Abbildung 6) noch einmal grafisch veranschaulicht.

Berg des Lernens

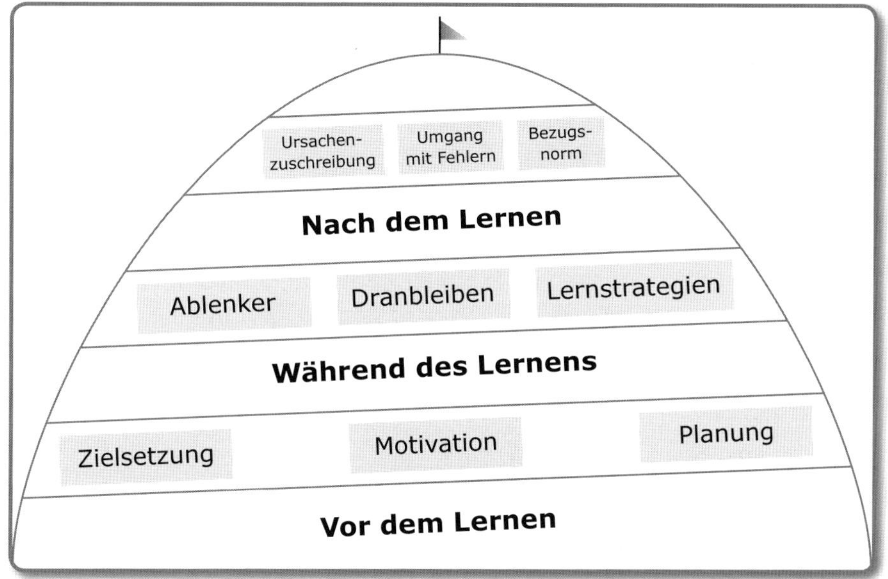

Abb. 6: Berg des Lernens (Quelle: Hertel, 2009)

In jeder Phase des Lernprozesses sind spezifische Aspekte von Bedeutung. Es sind verschiedene Anforderungen zu bewältigen, und es können unterschiedliche Probleme austreten. Dabei ist zu beachten, dass die vorherige Phase sich jeweils auf die nachfolgende auswirkt. Nach diesem Modell ist Lernen ein zyklischer Prozess, der aus vielen aufeinander folgenden Einheiten von Lernphasen besteht, die aufeinander Einfluss nehmen. Demnach beeinflusst die Planung des Lernens in der Phase „Vor dem Lernen" dann auch das konkrete Lernverhalten in der Phase „Während des Lernens", welches dann wiederum zu einem Lernergebnis führt, dass in der Phase „Nach dem Lernen" eingeordnet wird. Wichtig ist dabei, zu beachten, dass sich die Phase „Nach dem Lernen" konsequenterweise auf die nächste Phase „Vor dem Lernen" auswirkt. Das Nachdenken über die Bearbeitung der Hausaufgaben am Vortag wirkt sich also auf die Zielsetzung, die Motivation und die Planung des Lernens für den Folgetag aus.

Lernen ist ein zyklischer Prozess

Automatisierte Handlungsmuster

Wichtig ist auch, zu bedenken, dass eine bewusste Selbstregulation in vielen, aber nicht in allen Situationen sinnvoll ist. Bei automatisierten Handlungen kann ein bewusstes Nachdenken über das eigene Handeln z. B. dazu führen, dass der Ablauf der Handlung unterbrochen wird. Dies ist z. B. der Fall, wenn man beim Autofahren bewusst überlegt, in welchen Gang man eigentlich gerade schalten sollte. Selbstregulation kann auch hinderlich sein, wenn man sich gerade sehr intensiv und konzentriert mit einem Thema befasst und ggf. sogar in einen Flow-Zustand kommt, in dem man sehr produktiv arbeit. Hier ist keine Regulation erforderlich, das bewusste Reflektieren über das eigene Vorgehen kann die intensive Arbeitsphase unterbrechen. In Situationen, in denen Lernprobleme auftreten oder sich ungünstige Lerngewohnheiten eingeschlichen haben, ist das selbstregulierte Lernen allerdings ein wichtiger Ansatzpunkt.

3 Ansatzpunkte für Eltern

In allen Phasen des Lernprozesses können Schüler von Eltern und Lehrern bei der Bewältigung der Anforderungen unterstützt werden. So kann das selbstregulierte Lernen der Schüler gefördert werden.

Eltern als Modell

Eltern können positiv auf die Lernentwicklung ihres Kindes einwirken, indem sie einerseits im Sinne eines Modells wünschenswerte Verhaltens- und Vorgehensweisen selbst vorleben. Sie können z. B. den Familienalltag mithilfe eines Wochenplans (siehe Kapitel V: Erziehungsberatung) strukturieren und mit dem Kind einen entsprechenden Wochenplan für das Lernen und für seine speziellen Termine erstellen. So kann das Planungsverhalten der Kinder geschult werden. Andererseits können Sie in der Lernsituation durch die Bereitstellung konkreter Strategien unterstützen. Im vorangegangenen Abschnitt haben wir ein Lernmodell vorgestellt, welches den Lernprozess in drei Phasen einteilt. Für jede dieser Phasen gibt es spezielle Anforderungen an die Kinder/Jugendlichen und entsprechend gibt es auch für jede Phase spezifische Unterstützungsmöglichkeiten auf Elternseite. Diese sind in der folgenden Abbildung schematisch dargestellt.

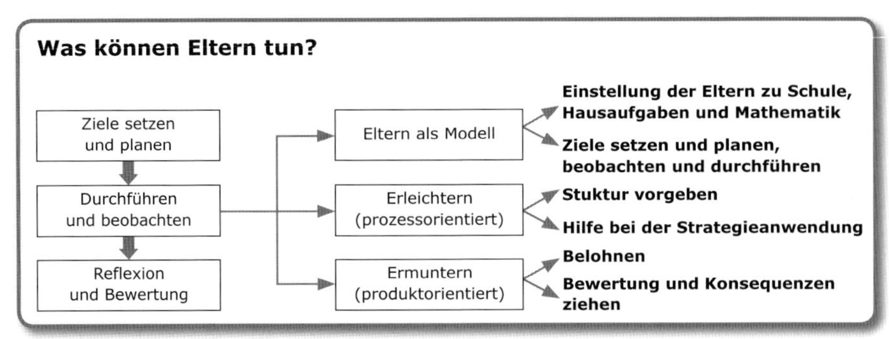

Abb. 7: Ansatzpunkte für Eltern bei der Unterstützung des Lernens (Quelle: in Anlehnung an Miethner, Schmidt und Schmitz, 2008).

Im Beratungsprozess kann diese Phaseneinteilung bei der Entwicklung von Lösungsansätzen und bei der Suche nach Stärken und Ressourcen der Eltern herangezogen werden. Es ist hilfreich, (1) Probleme in bestimmten Lernphasen zu lokalisieren, (2) konkrete Lösungsansätze mit Bezug auf die Phasen des Lernprozesses zu erarbeiten und (3) in den einzelnen Phasen des Lernprozesses nach Stärken und Ressourcen der Eltern zu suchen.

Stärken und Ressourcen der Eltern

In der Phase „Vor dem Lernen" können die Eltern ihr Kind beim Setzen von Zielen und bei der Planung z. B. dadurch unterstützen, dass sie als Modelle fungieren und die entsprechenden Verhaltensweisen vorleben. Wichtig ist dabei auch die Einstellung der Eltern zur Schule, zu den Hausaufgaben und zu einzelnen Schulfächern. In der Phase „Während des Lernens" können Eltern ihrem Kind das Lernen erleichtern, indem sie Strukturen vorgeben und auf Anfrage bei der Anwendung von Lern- und Arbeitsstrategien unterstützen. In der Phase „Nach dem Lernen" sind die Eltern insbesondere im Hinblick auf das Einordnen der Ergebnisse, das Ableiten von Konsequenzen und das Belohnen gefragt.

Unterstützung in den Lernphasen

In diesem Kapitel geben wir einen Überblick über die zentralen Ansatzpunkte für Eltern. Weiterführende Hinweise für Eltern finden sich bei Miethner, Schmidt und Schmitz (2008).

4 Wann ist Lernberatung wichtig?

Im Schulalltag können sich Probleme mit dem Lernen sehr unterschiedlich äußern. Sehr offensichtlich werden sie, wenn Schüler schlechte Leistungen erbringen oder sich trotz vielem Üben nicht verbessern. Aber auch bei Schülern, die oft die Hausaufgaben vergessen, sich nicht für die Schule motivieren können oder sich leicht ablenken lassen, können Probleme mit dem Lernen die Ursache sein. Nicht zu vergessen sind Schüler, die gute bis befriedigende Leistungen erzielen, die aber Ihrer Einschätzung nach eigentlich mehr Potenzial haben.

Anlässe für Lernberatung

Zunächst ist es wichtig, die Lernprobleme einzugrenzen – dabei kann die Unterteilung des Lernprozesses in die drei vorgestellten Phasen (Vor dem Lernen, Während des Lernens, Nach dem Lernen) sehr hilfreich sein. In den Phasen können dann noch einmal konkrete Problembereiche aufgespürt werden. Für diesen Schritt kann der Berg des Lernens (Abbildung 6) herangezogen werden. Bei sehr stark ausgeprägten Lernproblemen ist vorab eine umfassende Diagnostik durch Experten zu empfehlen, um Teilleistungsstörungen oder gesundheitliche Beeinträchtigungen auszuschließen. Auf die Anzeichen von Teilleistungsstörungen wird in Kapitel IV eingegangen.

Um die Problembereiche in den einzelnen Phasen aufzuspüren, können folgende Fragen an die Eltern hilfreich sein:

Vor dem Lernen

Problem-bereich	Frage	Antwort
Vor dem Lernen		
Zielsetzung	Setzt Ihr Kind vor dem Lernen fest, was es an diesem Tag erreichen möchte?	ja ☐ nein ☐
	Setzt sich Ihr Kind Ziele für das Lernen/ für die nächste Klassenarbeit?	ja ☐ nein ☐
Motivation	Fällt es Ihrem Kind leicht, mit den Hausaufgaben anzufangen?	ja ☐ nein ☐
	Denkt Ihr Kind vor dem Lernen daran, wie es sich später belohnen kann?	ja ☐ nein ☐
Planung	Macht Ihr Kind beim Lernen gezielte, vorher eingeplante Pausen?	ja ☐ nein ☐
	Erstellt Ihr Kind einen Zeitplan für die Woche und die Hausaufgaben?	ja ☐ nein ☐

Während des Lernens

Problem	Frage	Antwort
Während des Lernens		
Innere Ablenker	Fällt es Ihrem Kind leicht, beim Lernen mit den Gedanken dabeizubleiben?	ja ☐ nein ☐
	Kann sich Ihr Kind beim Lernen gut konzentrieren?	ja ☐ nein ☐
Äußere Ablenker	Schaltet Ihr Kind beim Erledigen der Hausaufgaben sein Handy aus?	ja ☐ nein ☐
	Sorgt Ihr Kind dafür, dass es beim Lernen nicht abgelenkt wird?	ja ☐ nein ☐
„Dran-bleiben"	Kann Ihr Kind den Willen aufbringen, bis zum Ende der Hausaufgaben durchzuhalten?	ja ☐ nein ☐
	Fällt es Ihrem Kind leicht, nach einer Pause wieder anzufangen?	ja ☐ nein ☐

Problem	Frage	Antwort
Während des Lernens		
Lern-strategien	Haben Sie Ihr Kind schon einmal beim Lernen beobachtet, um zu sehen, wie es vorgeht?	ja ☐ nein ☐
	Wissen Sie, welche Lernstrategien Ihr Kind beim Lernen einsetzt?	ja ☐ nein ☐

Nach dem Lernen

Problem	Frage	Antwort
Nach dem Lernen		
Reflexion	Überlegt Ihr Kind nach den Hausaufgaben, wie es diese hätte besser machen können?	ja ☐ nein ☐
	Macht sich Ihr Kind nach dem Erledigen der Hausaufgaben Gedanken darüber, wie es vorgegangen ist?	ja ☐ nein ☐
Bezugsnorm	Vergleicht Ihr Kind die Note in einer Arbeit (z. B. Mathe) mit den Noten der Mitschüler?	ja ☐ nein ☐
	Vergleicht Ihr Kind die Note in einer Arbeit (z. B. Mathe) mit der Note in der letzten Arbeit?	ja ☐ nein ☐
Ursachenzu-schreibung	Hat Ihr Kind das Gefühl, seine Noten beeinflussen zu können?	ja ☐ nein ☐
	Wenn Ihr Kind eine schlechte Note bekommt, gibt es sich selbst die Schuld?	ja ☐ nein ☐

Nicht zu viele Punkte auf einmal in Angriff nehmen

Für das Gelingen der Lernberatung ist es sehr wichtig, dass Sie gemeinsam mit den Eltern/dem Schüler einige zentrale Ansatzpunkte festlegen, mit denen sie beginnen wollen. Wenn Sie sich zu viel auf einmal vornehmen und an zu vielen Aspekten auf einmal arbeiten, wird die Lernberatung sehr wahrscheinlich nicht erfolgreich verlaufen. Denn die gleichzeitige Behandlung zu vieler Aspekte kann zu Überforderung führen – alles wird halb und nichts wird richtig gemacht. Die wichtigen Erfolgserlebnisse bleiben aus und die Motivation, die Lösungswege weiter zu verfolgen bzw. die neuen Strategien weiter umzusetzen, sinkt.

Lernverhalten ändern = Gewohnheiten ändern

Denken Sie immer daran, dass es sich beim Lernverhalten um Gewohnheiten handelt, die sich teilweise über Jahre eingeschliffen haben. Wenn Sie nun daran arbeiten, das Lernverhalten zu verändern, dann bedeutet das genau genommen, dass sie daran arbeiten, Gewohnheiten zu ändern. Aus Ihrer eigenen Erfahrung kennen Sie sicherlich einige Situationen, in denen Sie oder gute Freunde, Bekannte oder Familienmitglieder versucht haben, Gewohnheiten zu verändern. Das ist keine leichte Aufgabe, aber es kann gelingen, wenn man an den Vorsätzen und Zielen festhält.

Zeit nehmen und geben

Schüler und Eltern sind manchmal sehr enttäuscht, wenn sich nicht sofort merkbare Veränderungen ergeben oder wenn sie feststellen, dass die Umsetzung der Ziele mit einem hohen Aufwand verbunden ist. Deshalb ist es hilfreich, schon bei der Erarbeitung der Ansatzpunkte und Lösungswege darauf hinzuweisen, dass in der Lernberatung ungünstige Lern- und Unterstützungsgewohnheiten bearbeitet werden, was seine Zeit benötigt.

5 Konkrete Ansatzpunkte und Strategien der Lernberatung

Lerntipps für die Phasen des Lernprozesses

In diesem Abschnitt stellen wir Ihnen eine Auswahl von Ansatzpunkten, Strategien und Tipps vor, die Sie in Lernberatungsgesprächen mit Eltern und Schülern heranziehen können. Dabei orientieren wir uns an der vorgestellten Einteilung des Lernprozesses in drei Phasen und besprechen diese der Reihe nach. Die Schwerpunkte liegen dabei auf den im Berg des Lernens (Abbildung 6) aufgeführten Aspekten der einzelnen Lernphasen. Jeder Phase werden dann entsprechende Strategien zugeordnet. Diese Einteilung können Sie selbstverständlich um weitere Strategien, die Sie gerne verwenden, erweitern.

5.1 Was kann man bereits vor dem Lernen tun?

Oft gehen unserem Handeln Schritte voraus, die manchmal bewusst und manchmal eher unbewusst sind. So sind z. B. Urlaubsreisen meist einige Monate im Voraus geplant, bevor der Einkauf für das Wochenende erledigt wird, schreibt man einen Einkaufszettel, und wenn man einen Bus erreichen möchte, überlegt man, wann man von zu Hause aufbrechen muss, um pünktlich an der Bushaltestelle zu sein.

Genauso ist es auch mit dem Lernen: Bereits bevor das Buch aufgeschlagen und das Heft ausgepackt wird, gibt es Schritte, die dazu beitragen können, dass Lernen besser gelingt. Dies ist den Schülern und Eltern manchmal allerdings nicht bewusst. Deshalb ist die Phase „Vor dem Lernen" ein wichtiger Ansatzpunkt in der Lernberatung.

In diesem Abschnitt werden Strategien und Tipps für die folgenden Aspekte der Phase „Vor dem Lernen" vorgestellt:

- Ziele setzen
- Motivation
- Planung

Ziele setzen

Ziele geben dem Handeln eine Richtung und motivieren

Das Setzen und Verfolgen von Zielen ist ein wichtiger Aspekt beim Lernen (wie auch bei anderen Handlungen). Durch das Setzen von Zielen bekommen unsere Handlungen eine Richtung – es wird deutlich, welche Handlungsschritte notwendig sind. Außerdem motivieren uns Ziele, die Handlungen tatsächlich durchzuführen und weiterzuverfolgen. Die Wirkung von Zielen kann an vielen Beispielen aufgezeigt werden. Wir haben einen Ausschnitt aus „Alice im Wunderland" ausgewählt, den Sie auch in Gesprächen mit Schülern und Eltern einbringen können.

„Würdest du mir bitte sagen, wie ich von hier aus weitergehen soll?", fragte Alice.

„Das hängt zu einem großen Teil davon ab, wohin du gehen möchtest", antwortete die Katze.

„Ach, wohin ist mir eigentlich gleich", sagte Alice.

„Dann ist es auch egal, wie du weitergehst", sprach die Katze.

Ausschnitt aus „Alice im Wunderland"

Über Ziele reflektieren

Eltern sind sich oft unsicher, welche Ziele ihr Kind beim Lernen und in der Schule verfolgt. Deshalb kann es ein erster Schritt sein, Eltern zunächst dazu anzuregen, (1) über ihre Ziele für ihr Kind und (2) über die Ziele, die der Schüler für sich selbst verfolgt, nachzudenken. Dazu können Sie den Eltern die folgenden Fragen stellen:

1) Wenn Sie einmal darüber nachdenken, welche Ziele Sie für Ihr Kind haben. Was fällt Ihnen ein?
(Dabei können Eltern durchaus sowohl Ziele im Bereich der Persönlichkeitsentwicklung, der schulischen Entwicklung als auch in Bezug auf den Freundeskreis aufzählen.)

Nachdem Sie einige Zeit über diese Frage gesprochen haben, können Sie dann folgende Fragen anschließen:

2) Wenn Sie nun einmal nachdenken, welche Ziele Ihr Kind verfolgt. Was fällt Ihnen ein?
(Dabei können Eltern durchaus sowohl Ziele im Bereich der Persönlichkeitsentwicklung, der schulischen Entwicklung als auch in Bezug auf den Freundeskreis u.a. aufzählen.)

3) Wie können Sie als Eltern Ihr Kind dabei unterstützen, seine Ziele zu erreichen?

Alternativ können Sie Eltern diese Fragen auch zu Hause in aller Ruhe bearbeiten lassen. Eine entsprechende Vorlage finden Sie auf der Begleit-CD.

In Elterntrainings machen wir oft die Erfahrung, dass Eltern auf die erste Frage (Ihre Ziele für Ihr Kind?) viele Antworten finden. Dagegen fällt ihnen die Beantwortung der zweiten Frage (Die eigenen Ziele des Kindes?) vergleichsweise schwer.

Ziele der Kinder erfragen

Um das Kind beim Lernen unterstützen zu können, ist es allerdings sehr wichtig, zu wissen, welche Ziele der Schüler selbst verfolgt. In einem Beratungsgespräch können Sie Eltern dazu ermuntern, mit ihren Kindern über deren Zielsetzung zu sprechen. Da es manchmal schwerfallen kann, den Einstieg in ein solches Zielgespräch zu finden, können Sie den Eltern als Hilfestellung einen Gesprächsleitfaden an die Hand geben. Eine Vorlage finden Sie auf der Begleit-CD.

In Gesprächen über Ziele ist zu beachten, dass ...

... jüngere Kinder manchmal Schwierigkeiten damit haben, die langfristige Perspektive der Erwachsenen (Eltern/Lehrer) nachzuvollziehen.

... Jugendliche und junge Erwachsene langfristige Ziele manchmal als sehr belastend erleben.

In Gesprächen mit jüngeren Kindern ist es deshalb hilfreich, bei der Zielsetzung kürzere Zeitspannen ins Auge zu fassen, z. B. die nächste Woche, den nächsten Monat, bis zum Ende dieses Schulhalbjahres. Nur wenn das Kind die Zeitspanne überschauen kann, kann die Formulierung von Zielen erfolgreich sein.

Kurzfristige Ziele

Spricht man mit Jugendlichen oder jungen Erwachsenen, können langfristige Ziele (z. B. Berufswünsche, Studienwünsche) als sehr belastend empfunden werden – insbesondere, wenn sie mit hohen subjektiven Leistungsanforderungen und -erwartungen einhergehen. In solchen Situationen ist es besonders wichtig, die langfristigen Ziele in mehrere Teilziele aufzuteilen, die erreicht werden können. Das „große" Ziel wird so besser handhabbar, der Weg wird klarer und das Vertrauen, das Ziel tatsächlich erreichen zu können, steigt.

Langfristige Ziele

Die Ergebnisse von Zielgesprächen können in einem Zielplan festgehalten werden. Hierbei wird zunächst ein langfristiges Ziel festgelegt. Dieses wird dann unterteilt in mehrere Zwischenziele. Für jedes Zwischenziel wird gemeinsam überlegt, (1) was das Kind/der Jugendliche schon kann und (2) was es/er noch üben muss. Es wird auch festgehalten, (3) wie das Kind/der Jugendliche und die Eltern erkennen, dass das Zwischenziel erreicht ist. Zusätzlich wird (4) ein Zeitpunkt festgelegt, an dem das Ziel erreicht sein soll. Die folgende Abbildung zeigt ein Beispiel für einen solchen Zielplan. Eine Vorlage finden Sie auf der Begleit-CD.

Zielplan

Mein Zielplan

Langfristiges Ziel: ______________________________

Zwischenziel	Was kann ich schon?	Was muss ich noch üben?	Wann habe ich das Zwischenziel erreicht?	Wann will ich damit fertig sein?	Geschafft!

Abb. 8: Zielplan

Sicherlich ist es aber nicht in jeder Situation direkt möglich, einen Zielplan zu erstellen. Darum stellen wir an dieser Stelle noch einmal die zentralen Kriterien vor, denen Ziele genügen sollten. Diese können dann sowohl bei der Formulierung von Zielen als auch zur Überprüfung bereits gesetzter Ziele herangezogen werden.

Kriterien für das Formulieren von Zielen

Beim Erarbeiten von Zielen ist zunächst zu beachten, dass das Ziel **spezifisch** formuliert ist. Das bedeutet, dass konkrete Verhaltensweisen, die mit dem Ziel einhergehen, sehr genau beschrieben werden. Das Ziel sollte verhaltensnah formuliert sein. Zudem ist es wichtig, dass das Ergebnis auch **messbar** ist – denn nur dann kann überprüft werden, ob das Ziel auch erreicht wurde. Dabei sollte das angestrebte Ziel auch **anspruchsvoll** sein. Nur anspruchsvolle Ziele sind herausfordernd und motivieren dazu, sich anzustrengen. Allerdings sollte darauf geachtet werden, dass das Ziel nicht zu hoch gesteckt wird, sondern dass es **realistisch** ist, es zu erreichen. Und zuletzt sollte das Ziel auch **terminiert** sein, d. h. es sollte einen Zeitpunkt geben, an dem das Ziel erreicht sein sollte und an dem dann auch überprüft wird, ob es erreicht wurde. Dies hilft, Aufschiebeverhalten zu reduzieren.

Lernen mit Ziel
Uli hat im letzten Englisch-Vokabeltest nicht gut abgeschnitten. Für den nächsten Vokabeltest möchte er besser vorbereitet sein. Wie kann er dieses Ziel formulieren?

Beispiel für ein nicht SMART formuliertes Ziel
Ich möchte in der nächsten Zeit mehr Englisch Vokabeln üben.

Beispiel für ein SMART formuliertes Ziel
Ich möchte in den nächsten zwei Wochen jeden Montag und Mittwoch zusätzlich zu den Hausaufgaben 20 Minuten Englischvokabeln üben und dabei meine Lernkartei anwenden.

Leistungen realistisch einschätzen

Ein wichtiger Punkt bei der Zielsetzung ist es demnach, anspruchsvolle, aber realistische Ziele zu setzen. Die realistische Einschätzung der eigenen Leistung (aus Schülerperspektive) bzw. der Leistung des Kindes/des Jugendlichen (aus Elternperspektive) ist hierfür zentral. Schülern fällt es nicht immer leicht, ihre eigene Leistung realistisch einzuordnen und auch in Elterngesprächen ist dies ein herausforderndes Thema. Hilfreich ist es, den Einstieg über eine kurze Darstellung der unterschiedlichen Bezugsnormen zu wählen. Danach können die Aspekte der einzelnen Vergleichsmöglichkeiten zur Einordnung der Leistung offen angesprochen werden.

Den richtigen Anspruch an sich selbst haben:

Kriterienbezogene Bezugsnorm
Hier erfolgt der Vergleich mit einem vorgegebenen Kriterium, das erreicht werden soll. Dies ist z. B. der Fall, wenn 50 % der Punkte zum Bestehen einer Prüfung erreicht werden müssen. In der Schule jedoch kommt dies eher selten vor.

Soziale Bezugsnorm
Hier erfolgt ein Vergleich mit Freunden und Mitschülern – also im sozialen Bezugsrahmen. Es findet eine Einordnung im Kreis der direkten Bezugsgruppe statt. Dies ist z. B. der Fall, wenn die Noten in einer Klassenarbeit mit den Mitschülern verglichen werden.

Individuelle Bezugsnorm
Hier erfolgt ein Vergleich der Leistung mit den bisher erreichten individuellen Leistungen. Es findet eine Einordnung der erzielten Leistung im persönlichen Leistungsprofil statt. Dies ist z. B. der Fall, wenn ein Schüler die Note in der aktuellen Klassenarbeit mit der Note in der vorangegangenen Klassenarbeit vergleicht.

Individuelle Bezugsnorm anlegen

Aus wissenschaftlichen Untersuchungen ist bekannt, dass die Wahl der Bezugsnorm einen Einfluss auf die Leistungsentwicklung von Schülern nimmt. Bei Schülern, die eine individuelle Bezugsnorm anlegen – also ihre Leistung mit eigenen Vorleistungen vergleichen – konnte ein positiverer Entwicklungsverlauf beobachtet werden als bei Schülern, die eine soziale Bezugsnorm anlegen. Deshalb ist es wichtig, Schüler und Eltern bei der Formulierung von Zielen dazu zu ermuntern, die individuelle Bezugsnorm anzuwenden. Dies hilft auch dabei, realistische Ziele zu formulieren.

Motivation

Motivationssysteme

Ein weiterer wichtiger Aspekt in der Phase „Vor dem Lernen" ist die Motivation zum Lernen. Dabei können zwei Arten der Motivation unterschieden werden: die intrinsische Motivation und die extrinsische Motivation.

Intrinsische Motivation anstoßen

Sicherlich ist es sehr wünschenswert, dass Kinder aus einer intrinsischen

Von **intrinsischer Motivation** spricht man, wenn das Erledigen einer Aufgabe selbst bereits Freude bereitet und als belohnend empfunden wird. Bezogen auf das Lernen ist dies z. B. der Fall, wenn Kinder sich aus Freude und Spaß am Lernen einer Aufgabe zuwenden und lernen.

Von **extrinsischer Motivation** spricht man, wenn eine Aufgabe ausgeführt wird, um eine Belohnung zu erhalten. Das Erledigen der Aufgabe ist dann ein Mittel zum Zweck. Bezogen auf das Lernen ist dies z. B. der Fall, wenn ein Kind für eine Arbeit lernt, weil es für eine sehr gute Leistung ein Geschenk versprochen bekommen hat.

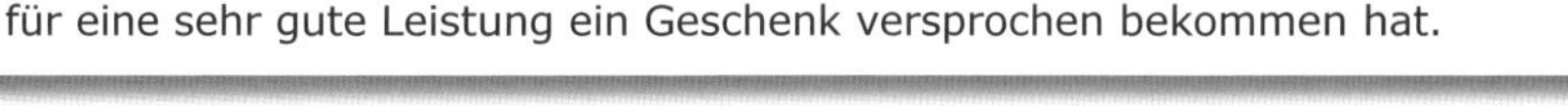

Motivation und einem Interesse für die Inhalte heraus lernen. Allerdings ist dies nicht immer gegeben. Hier kann es hilfreich sein, zunächst über angemessene Belohnungen extrinsische Motivation hervorzurufen. So kann das Kind dazu angeregt werden, sich zunächst überhaupt erst einmal mit den Inhalten zu befassen. Aus der Beschäftigung mit den Inhalten und Erfolgserlebnissen in der Schule (z. B. weil das Kind sich dann plötzlich am Unterricht beteiligen kann) wird dann auch die intrinsische Motivation angeregt. Wichtig ist es allerdings, die Belohnungen langsam ausklingen zu lassen, wenn sich eine intrinsische Motivation entwickelt.

Vorbild sein

Eltern und Lehrer sind auch im Bereich der Motivation Vorbilder für das Kind bzw. die Schüler. Eine Möglichkeit, herauszufinden, wie die Motivation des Schülers gefördert werden kann, ist zunächst, zu überlegen, wie sich die Eltern bzw. wie Sie sich selbst motivieren. Um im Beratungsgespräch eine entsprechende Reflexion einzuleiten, können Sie den Eltern z. B. die folgenden Fragen stellen:

Wie motivieren Sie sich, wenn ...

... Ihre Steuererklärung ansteht?

... ein Berg Bügelwäsche auf Sie wartet?

(Selbstverständlich können Sie diese Fragen auch für sich selbst beantworten, um herauszufinden, wie Sie sich selbst motivieren.)

Sie werden feststellen, dass Eltern ganz unterschiedliche Strategien nennen, um sich selbst für diese oder ähnliche „ungeliebte" Aufgaben zu motivieren. Das Interessante dabei ist, dass die gleichen Strategien auch bei Schülern zur Selbstmotivierung beitragen können. Um die Selbstmotivation ihres Kindes zu unterstützen, können Eltern als Vorbild vorangehen und ihrem Kind erzählen, welche Strategien sie selbst nutzen, wenn sie sich für ungeliebte Aufgaben motivieren müssen. Für die Eltern mag dies vielleicht die Steuererklärung oder der Berg Bügelwäsche sein – für das Kind ist es das Lernen und die Hausaufgaben.

Um das Erarbeiten von Selbstmotivierungsstrategien zu unterstützen, genannte Strategien einzuordnen oder neue Strategien aufzuzeigen, werden im folgenden Kasten die Selbstmotivierungsstrategien aufgeführt. Diese Zusammenstellung finden Sie auch auf der Begleit-CD.

Strategien zur Selbstmotivierung

- **Selbstbesprechung/Selbstermunterung**
  Sich selbst Mut zusprechen/Mut machen

- **Konsequenzen (negativ/positiv)**
  Sich positive Konsequenzen und negative Konsequenzen vor Augen halten

- **Konzentrationsstrategien**
  Übungen zur Förderung der Konzentration durchführen (Suchbilder, Imaginationsübungen)

- **Soziale Unterstützung**
  Sich mit anderen verabreden, z.B. zum Lernen oder zum Hausaufgaben machen (Hier wird deutlich, dass auch andere in der gleichen Situation sind.)

- **Selbstbelohnung**
  Sich, nachdem die Arbeit getan ist, eine kleine Belohnung gönnen (Dies kann z.B. eine Tasse Kakao oder eine Runde Fahrrad fahren sein.)

- **Pausen**
  Sich nach einem Lernabschnitt eine Erholungspause gönnen (Dies ist auch wichtig, damit die neu gelernten Inhalte verarbeitet werden können.)

- **Entspannung**
  Vor oder nach einem Lernabschnitt eine kurze Entspannungsphase einplanen und kurze Entspannungsübungen durchführen (z.B. Progressive Muskelrelaxation, eine kurze Fantasiereise, eine Wahrnehmungsübung oder Entspannungsmusik)

- **Rituale**
  Rituale tragen zur Selbstmotivierung bei, weil sie Handlungsphasen direkt einleiten und vorbereiten. Andere Handlungsalternativen werden so aus der Wahrnehmung ausgeblendet. So kann z.B. eine Konzentrationsübung oder eine Entspannungsübung als Ritual zu Beginn der Hausaufgaben durchgeführt werden. Es ist dann selbstverständlich, dass nach dem Ritual mit den Hausaufgaben begonnen wird. Es ist auch hilfreich, die Hausaufgaben immer zur selben Uhrzeit zu erledigen.

Eine Möglichkeit, die Motivation direkt mit dem Lernen zu verknüpfen, ist der Lernvertrag. Ein Beispiel für einen Lernvertrag und Hinweise, welche Punkte beim Erstellen eines Lernvertrages zu beachten sind, finden Sie in Kapitel V.

Planung

Auf den Aspekt der Planung wird an dieser Stelle nur sehr kurz eingegangen, da einige Punkte auch in Kapitel V noch einmal angesprochen werden.

Bei der Planung des Lernens kann zunächst zwischen der Planung des Arbeitsplatzes, der aktuellen Hausaufgaben/Lernsituation und einer übergeordneten Planung/Strukturierung der Hausaufgaben/Lernzeiten in einer Woche und ggf. einem längeren Zeitabschnitt (z. B. bei der Vorbereitung auf Abschlussprüfungen) unterschieden werden.

Für die Planung des Arbeitsplatzes kann es hilfreich sein, gemeinsam mit den Schülern/Eltern eine Liste von Punkten zu erarbeiten, die bei der Gestaltung des Arbeitsplatzes zu beachten sind. Eine Beispielcheckliste wird in Kapitel V vorgestellt.

Pausen einplanen

Bei der Planung der aktuellen Lernphase ist es wichtig, auch Pausen vorzusehen. Dabei können folgende Richtlinien zur Orientierung herangezogen werden:

Pausen einplanen

- Nach 30 min konzentriertem Arbeiten eine Pause von 5 min
- Nach 2 Stunden konzentriertem Lernen eine Pause von 15 – 20 min
- Nach 3 Stunden Lernzeit eine Pause von 30 min bis 90 min

Quelle: Endres, 2007

Die Pausen dienen der Erholung – nach einer Pause geht es dann meist wieder konzentriert weiter. Außerdem haben Pausen auch etwas Motivierendes und Belohnendes: Nachdem man intensiv und konzentriert für eine bestimmte Zeit gearbeitet/gelernt hat, gönnt man sich eine Pause. Wichtig ist allerdings, dass die Pause nicht zu lange ausgedehnt wird. Um die Pausenzeiten einzuhalten, kann ein Wecker oder ein Alarm im Handy gestellt werden.

Wochenplan als Strukturierungshilfe

Für die Planung der Lernzeiten in der Woche ist es hilfreich, einen Wochenplan zu erstellen. In diesem werden Zeitfenster für Hausaufgaben und Lernen aber auch andere Termine am Nachmittag (Sport, Musikunterricht, Freiwillige Feuerwehr, Jugendtreff usw.) sowie Freizeit eingetragen. Hinweise zur Erarbeitung eines Wochenplans und einen Beispielwochenplan finden sich ebenfalls in Kapitel V.

5.2 Worauf kommt es während des Lernens an?

Wenn wir ans Lernen denken und vom Lernen sprechen, dann meinen wir meistens die Phase „Während des Lernens". Auch in dieser Phase können Eltern ihr Kind beim Lernen unterstützen.

In diesem Abschnitt werden Strategien und Tipps für die folgenden Aspekte der Phase „Während des Lernens" vorstellen:

- Konzentration/Umgang mit Ablenkern
- Dranbleiben
- Lernstrategien

Konzentration/Umgang mit Ablenkern

Konzentration üben

Beim Anfertigen der Hausaufgaben und beim Lernen ist es wichtig, konzentriert zu sein. Manchen Schülern fällt es leichter, sich in das konzentrierte Arbeiten einzufinden, andere haben damit Schwierigkeiten. Eltern können ihr Kind hier unterstützen, indem sie mit ihm Konzentrationsübungen durchführen. Dabei gibt es viele unterschiedliche Möglichkeiten, wie z. B. Wimmel- oder Suchbücher anschauen oder Imaginationsübungen vorlesen. Weiterführende Hinweise zu dem Thema Konzentration finden Sie in den Literaturempfehlungen und in Kapitel IV.

Äußere Ablenker

Innere Ablenker

Während des Lernens ist es außerdem wichtig, dass es möglichst keine oder nur sehr wenige Ablenkungen gibt. Wohlvertraut sind uns allen die **äußeren Ablenker**, die das Lernen des Kindes stören können: das klingelnde Telefon; Haustiere, die zum Spielen kommen; Freunde, die bereits draußen sind, und schlussendlich auch Eltern, die den Fortschritt bei den Hausaufgaben sehr genau kontrollieren und häufig nachfragen, wie weit das Kind/der Jugendliche denn nun schon gekommen ist. Es gibt allerdings auch Ablenker, die in der Person selbst stecken. Solche **inneren Ablenker** sind z. B. Hunger oder Durst und häufig auch Gedanken, die einen vom konzentrierten Arbeiten ablenken. Dies können sowohl Gedanken an die Freunde, aber auch Angst vor den Hausaufgaben oder vor einem Misserfolg in der nächsten Arbeit sein.

Wir möchten in diesem Abschnitt insbesondere auf die inneren Ablenker eingehen und uns hierbei mit störenden, negativen Gedanken befassen. Vorweg allerdings noch ein kurzer Hinweis zu den Eltern als äußere Ablenker:

Es ist sehr wichtig, dass Eltern die Hausaufgaben und das Lernen ihrer Kinder begleiten, sich dafür interessieren und auch das Kind/den Jugendlichen danach fragen. Es ist schön, wenn Eltern als Ansprechpartner bei den Hausaufgaben und beim Lernen zur Verfügung stehen können. Allerdings sollten sie nicht ständig kontrollierend neben ihrem Kind sitzen oder nachfragen. Vielmehr sollten sie ihm signalisieren, dass es sich bei Fragen gerne an sie wenden kann und dass sie dann helfen werden. Aber erst dann, wenn das Kind/der Jugendliche ernsthaft selbst versucht hat, die Aufgabe zu lösen. Wenn Eltern helfen, ist es zudem wichtig, dass sie nicht die Lösung vorgeben, sondern ihrem Kind helfen, eine Lösung zu finden. Dies nennt man auch prozessbegleitende Unterstützung.

Prozessbegleitende Unterstützung

Gedanken können ablenken

Gedanken – positive sowie negative – können das konzentrierte Bearbeiten der Hausaufgaben bzw. das konzentrierte Lernen stören, weil sie Aufmerksamkeit binden. Diese Aufmerksamkeit kann dann nicht mehr für die Bearbeitung der Aufgaben herangezogen werden. Bei positiven Gedanken (Diese Aufgabe ist ja ganz einfach!) schleichen sich schnell Flüchtigkeitsfehler ein. Bei sehr negativen Gedanken (Diese Aufgaben sind sehr schwer, die schaffe ich nie!) kann es zu einer Denkblockade kommen. Dies führt dazu, dass die Aufgaben wirklich nicht gelöst werden können.

Um eine günstige Lernsituation herzustellen, ist es deshalb wichtig, diese Gedanken zu besprechen und zu bearbeiten. Dabei kann auf das Konzept des kognitiven Umstrukturierens zurückgegriffen werden, das sich in solchen Situationen als sehr wirksam erwiesen hat. Negative Gedanken werden hier in Aussagen umformuliert, die ein positiveres Gefühl geben.

Negative Gedanken umformulieren

In Gesprächen mit Eltern und Schülern ist es zunächst hilfreich, zu verdeutlichen, dass solche negativen Gedanken/Formulierungen das Lernen beeinträchtigen. Die folgende Abbildung zeigt ein Beispiel zur Visualisierung des Einflusses von negativen und positiven Gedanken auf das Lernen.

Abb. 9: Störende Gedanken positiv umformulieren

Wirkung von Gedanken veranschaulichen

In der Mitte ist ein „Stressbarometer" dargestellt: Wenn alles im grünen (hier weiß) Bereich ist, sind die Voraussetzungen für das Bearbeiten einer Aufgabe sehr gut. Wenn das Stressbarometer in den roten Bereich (hier schwarz) übergeht, dann ist ein konzentriertes Bearbeiten einer Aufgabe so gut wie unmöglich. Nun werden in einem ersten Schritt die negativen Gedanken des Schülers auf der linken Seite eingetragen. Dadurch steigt das Stressbarometer an und es wird deutlich, dass sich die Voraussetzungen für das Lernen verschlechtern. Im zweiten Schritt werden die negativen Gedanken dann positiv umformuliert, infolgedessen sinkt das Stressbarometer wieder in den grünen Bereich. Nun ist es wieder möglich, zu lernen. Durch diese Übung wird verdeutlicht, wie negative und positive Gedanken die Lernvoraussetzungen beeinträchtigen.

Entspannungsrituale

Möglichkeiten, um bei Klassenarbeiten aufkommende negative Gedanken auszuschalten, sind, sich eine Ruhebild vorzustellen (einen grünen Wald, ein Stoppschild) oder einen Gegenstand mitzunehmen, der an etwas Schönes oder Beruhigendes erinnert. Manchen Schülern hilft es auch, eine vorher eingeübte Entspannungsübung (Progressive Muskelrelaxation) durchzuführen. Entsprechende Vorlagen finden Sie auf der Begleit-CD.

Dranbleiben

Sich beim Lernen selbst beobachten

Beim Lernen ist es wichtig, von Zeit zu Zeit zu überprüfen, ob man noch bei der Sache ist. Diese Selbstbeobachtung wird in der Theorie als Monitoring bezeichnet. Dabei kann zwischen drei Formen des Monitoring unterschieden werden: (1) Selbst-Monitoring (bezogen auf die eigene Person) und (2) Task-Monitoring (bezogen auf die Handlung/Bearbeitung der Aufgabe) sowie (3) Prozess-Monitoring (bezogen auf den Fortschritt/das Erreichen des Ziels).

Eltern können ihr Kind beim Dranbleiben unterstützen, indem sie beide Bereiche in einem Gespräch mit dem Kind/Jugendlichen ansprechen, und es dazu anleiten, sich von Zeit zu Zeit beim Lernen selbst zu beobachten. Die folgenden Fragen können dazu verwendet werden, entsprechende Monitoring-Prozesse einzuleiten.

Selbstbeobachtung bei den Hausaufgaben/beim Lernen

Self-Monitoring (bezogen auf die eigene Person)
- *Bin ich aufmerksam bei der Sache?*
- *Bin ich noch motiviert oder benötige ich eine kurze Pause?*

Task-Monitoring (bezogen auf die Handlung/die Bearbeitung der Aufgabe)
- *Ist meine Lernstrategie sinnvoll für die Aufgabe?*
- *Ist dieser Lösungsansatz sinnvoll, um die Aufgabe zu bearbeiten?*

Prozess-Monitoring (bezogen auf den Fortschritt/das Erreichen des Ziels)
- *Wie komme ich voran?*
- *Nähere ich mich meinem Ziel?*

Eine entsprechende Vorlage finden Sie auf der Begleit-CD.

Lernstrategien

Lernstrategien systematisieren

Das Thema Lernstrategien wird an dieser Stelle nur kurz angesprochen. Dabei wird ein Schema zur Einordnung von Lernstrategien vorgestellt, und es werden Hinweise gegeben, wie Eltern für dieses Thema sensibilisiert werden können. Auf konkrete Lernstrategien wird an dieser Stelle nicht eingegangen. Hierzu gibt es umfassende Ratgeberliteratur, die nach den spezifischen Bedürfnissen und eigenen Vorlieben ausgewählt werden kann. Hinweise zu empfehlenswerten Bücher finden Sie in den Literaturvorschlägen am Ende dieses Kapitels.

Um Lernstrategien zu systematisieren, können Sie im Elterngespräch eine Unterteilung in Strategien zur Vorbereitung des Lernens, zur Informationsverarbeitung und zum Nachdenken über das Lernen vorschlagen. Diesen Kategorien können dann konkrete Lernstrategien zugeordnet werden. Ein Beispiel dafür findet sich in der folgenden Abbildung.

Strategien zur Vorbereitung

- ▶ Konzentration, Anstrengung
- ▶ Zeitmanagement
- ▶ Lernumgebung

Strategien der Informationsverarbeitung

- ▶ Organisation
- ▶ Einprägen und Wiederholen
- ▶ Lernstrategien

Strategien zum Nachdenken

- ▶ Planung
- ▶ Überwachung
- ▶ Anpassung, Regulation

Abb. 10: Schema zur Einordnung von Lernstrategien

Lernstrategien identifizieren

Ein erster Schritt in einem Elterngespräch kann sein, Eltern dazu anzuregen, das Lernen ihres Kindes zu beobachten und Lernstrategien zu identifizieren. Bei älteren Schülern kann dies auch in einem Gespräch mit dem Jugendlichen umgesetzt werden. Im folgenden Kasten haben wir Fragen zusammengestellt, die Eltern diese Aufgabe erleichtern können. Eine Kopiervorlage für den Beobachtungsauftrag finden Sie auf der Begleit-CD.

Beobachtungsauftrag

- Benutzt mein Kind Lernstrategien? Und wenn ja, welche?
- Wie motiviert sich mein Kind für die Hausaufgaben?
- Wie geht mein Kind mit Ablenkern um?
- Welche Rolle spiele ich bei den Hausaufgaben meines Kindes?

5.3 Worüber gilt es nach dem Lernen nachzudenken?

Der Phase „Nach dem Lernen" wird – genau wie der Phase „Vor dem Lernen" – meistens weniger Beachtung geschenkt. Oft werden Hausaufgaben und Lernen damit beendet, dass Hefte und Bücher eingepackt werden. Dabei laufen auch nach dem Lernen noch viele wichtige Prozesse ab, denen Beachtung geschenkt werden sollte. Auch, weil sich die Phase „Nach dem Lernen" dann auf den nächsten Lernprozess – also die nächste Phase „Vor dem Lernen" – auswirkt.

In diesem Abschnitt werden Strategien und Tipps für die folgenden Aspekte der Phase „Nach dem Lernen" vorgestellt:

- Zielabgleich/Bezugsnormorientierung
- Ursachenzuschreibung
- Umgang mit Fehlern

Zielabgleich/Bezugsnormorientierung

Habe ich mein Ziel erreicht?

Der erste Schritt beim Nachdenken über das Lernen ist der Abgleich des erzielten Ergebnisses mit dem zuvor gesetzten Ziel. Dies ist bei Hausaufgaben vielleicht etwas schwieriger, beim konkreten Lernen für eine Arbeit bzw. nach der Rückgabe einer Arbeit ist dies leichter. Hier kann der Schüler überprüfen, ob er das, was er sich vorgenommen hatte, auch erreicht hat. Eltern können ihr Kind dabei unterstützen, indem sie es in einem Gespräch dazu ermuntern und evtl. auch den Prozess begleiten. Formulierungen, die von Eltern zur Einleitung solcher Reflexionsprozesse herangezogen werden können, sind in der folgenden Abbildung in Form einer Checkliste für Schüler zusammengefasst. Diese finden Sie auch auf der Begleit-CD.

Leitfragen zur Zielreflexion

Habe ich mein Ziel erreicht?

Ein Soll-Ist-Vergleich

Checkliste:

✓ Habe ich das erreicht, was ich mir vorgenommen hatte?
✓ Habe ich alles beachtet, was ich mir vorgenommen hatte?
✓ Habe ich mich im Vergleich zum letzten Mal verbessert?

Abb. 11: Checkliste zum Zielabgleich nach dem Lernen

Es wird deutlich, dass durch die Fragen in der Checkliste unterschiedliche Bereiche in die Reflexion einbezogen werden. Die erste Frage zielt darauf ab, über das Ergebnis nachzudenken (produktorientiert). Die zweite Frage hingegen leitet eine Reflexion über die Vorgehensweise ein (prozessorientiert). Die dritte Frage regt dazu an, die eigenen Vorleistungen zur Einordnung der erzielten Leistung heranzuziehen (individuelle Bezugsnorm). Im Abschnitt zur Phase „Vor dem Lernen" wurde bereits dargestellt, dass sich das Anlegen eines individuellen Bezugsrahmens positiv auswirkt. Hier können Eltern einen wichtigen Beitrag leisten, indem sie ihr Kind aktiv dazu ermuntern, seine Leistung immer im Verhältnis zu den eigenen Vorleistungen zu sehen. Dies ist auch wichtig, wenn Eltern ihrem Kind Rückmeldungen zu den Leistungen geben: Hier können sie

Individuelle Bezugsnorm als Grundlage

zunächst auf die Leistungsentwicklung des Kindes schauen und dann erst in einem nächsten Schritt den sozialen Vergleich (Klassendurchschnitt, Freundeskreis des Kindes) vornehmen.

Ursachenzuschreibung

Ursachen für das Ergebnis finden

Auch die Suche nach Ursachen fällt in die Phase „Nach dem Lernen". Das Ergebnis der Ursachenzuschreibung beeinflusst die Motivation für das Lernen, die Auswahl der Strategien und die Anpassung der Zielsetzung. Der theoretische Hintergrund zur Ursachenzuschreibung wird in Kapitel V beschrieben. Dabei wird auch auf günstige und ungünstige Ursachenzuschreibungen bei Erfolg bzw. Misserfolg eingegangen. In diesem Abschnitt wird deshalb nur kurz auf die Konsequenzen bei Erfolg und Misserfolg eingegangen.

Wenn das Lernen erfolgreich war, d. h. das gesetzte Ziel erreicht wurde, dann ist es wichtig, (1) sich zu belohnen, (2) das beizubehalten, was gut geklappt hat, und (3) zu schauen, wo es noch Verbesserungsmöglichkeiten gibt.

Wenn das Lernen nicht erfolgreich war, d. h. das gesetzte Ziel nicht erreicht wurde, dann ist es wichtig, zu überlegen, ob (1) die Ziele nicht realistisch waren und angepasst werden sollten oder (2) ob die Strategien nicht gut gewählt waren und beim nächsten Mal andere Strategien beim Lernen verwendet werden könnten. Diese Überlegungen werden noch einmal in Abbildung 12 zusammengefasst.

Bei Erfolg:

- ▶ sich belohnen
- ▶ beibehalten, was gut geklappt hat
- ▶ schauen, wo man sich noch verbessern kann

Bei Misserfolg:

- ▶ Ziele anpassen
- ▶ Strategien anpassen

Abb. 12: Konsequenzen von Erfolg und Misserfolg beim Lernen

Umgang mit Fehlern

Aus Fehlern lernen

Der dritte wichtige Aspekt in der Phase „Nach dem Lernen" ist der Umgang mit Fehlern. Zunächst lösen Fehler in uns meist ein Gefühl der Enttäuschung aus – so geht es auch dem Schüler, wenn er Fehler in seiner Arbeit entdeckt. Allerdings steckt in den Fehlern auch die Möglichkeit verborgen, Lernprozesse anzuregen – nämlich dann, wenn aus den Fehlern gelernt wird. Als Lehrer können Sie Ihren Schülern einen positiven Umgang mit Fehlern nahelegen sowie in Übungsphasen und bei der Korrektur von Klassenarbeiten eine positive Fehlerkultur einführen.

Fehler aufspüren mit dem Fehlerprotokoll

Dabei kann eine differenzierte Reflexion über die Ursache des Fehlers und ein Nachdenken über mögliche Lösungswege für das nächste Lernen hilfreich sein. Dies kann z. B. durch das Anfertigen eines Fehlerprotokolls unterstützt werden. Ein solches Fehlerprotokoll eignet sich sehr gut für die Nachbereitung der Hausaufgaben oder einer Klassenarbeit zu Hause – auch gemeinsam mit den Eltern. Die Abbildung 13 zeigt ein Beispiel für ein Fehlerprotokoll. Eine Kopiervorlage für Elterngespräche finden Sie auf der Begleit-CD.

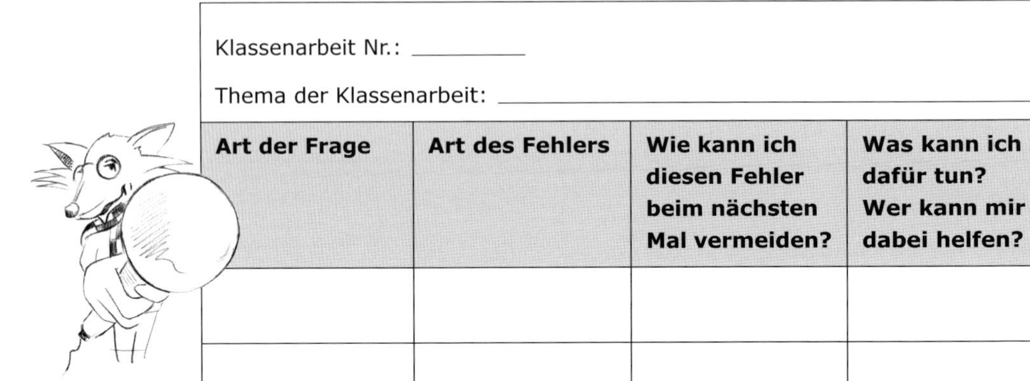

Klassenarbeit Nr.: __________

Thema der Klassenarbeit: ______________________________

Art der Frage	**Art des Fehlers**	**Wie kann ich diesen Fehler beim nächsten Mal vermeiden?**	**Was kann ich dafür tun? Wer kann mir dabei helfen?**

Abb. 13: Fehlerprotokoll

Sicherlich, das Gefühl der Enttäuschung kann bleiben, und das ist auch berechtigt. Aber durch den Blick auf die nächste Arbeit wird das wenig zufriedenstellende Ergebnis nicht als unveränderbar wahrgenommen. Die Schüler haben das Gefühl, den Fehler beim nächsten Mal vermeiden zu können, und sie stellen auch schon erste Überlegungen an, wie sie das angehen können. Gemeinsam mit den Eltern fällt die Suche nach den Ursachen und das Finden von Lösungsansätzen für das nächste Lernen oft leichter.

Literaturempfehlungen

Bartl, A. (2000): Konzentrationsspiele: Lernen, Spielen, Üben mit Daniel Dachs. München: Oldenbourg Schulbuchverlag.

Endres, W. (Hrsg.) (1993): So macht Lernen Spaß. Weinheim: Beltz.

Endres, W. (2003): 111 starke Lerntipps. Weinheim: Beltz.

Miethner, S., Schmitd, M. & Schmitz, B. (2008): Mein Kind lernt Lernen: Ein Praxisbuch für Eltern. Stuttgart: Klett-Cotta.

Krowatschek, D. & Hengst, U. (2008): Mit dem Zauberteppich unterwegs: Entspannung in Schule, Gruppe und Therapie für Kinder und Jugendliche. Dortmund: Verlag Modernes Lernen.

Petermann, U. (2009): Die Kapitän-Nemo-Geschichten: Geschichten gegen Angst und Stress. Freiburg: Herder.

IV Spezifischer Förderbedarf

1 Legasthenie: Wenn Lesen und Schreiben zur Qual wird

Fallbeispiel: Sonja

Sonja ist 12 Jahre alt und geht in die 6. Klasse. Sonja ist ein aufgewecktes Mädchen, das sich gerne bewegt. Als Sonja in die Schule kam, hatte sie sich sehr darauf gefreut. Aber schon in der Grundschule fiel ihr das Lesenlernen richtig schwer. Auch an der jetzigen weiterführenden Schule ist Deutsch das schwierigste Fach für Sonja. Diktate bereiten ihr besondere Schwierigkeiten und meistens schafft sie nur eine Vier. Langsam hat Sonja den Eindruck, dass ihre Lehrerin sie ärgern will. Hausaufgaben macht sie auch nicht mehr gerne. Jeden Nachmittag gibt es deshalb Streit. Die Mutter weiß sich nicht mehr zu helfen und überlegt, ob sie ihr als Strafe ihr Hobby Schwimmen verbieten sollte. Das findet ihr Mann gar nicht gut. Auch habe er große Probleme mit dem Lesen und Schreiben gehabt, erzählt die Mutter.

Definition: Legasthenie

Das Wort **Legasthenie** stammt aus dem Griechischen und meint, „Schwierigkeiten mit Worten oder der Sprache" zu haben. Menschen, die von einer Legasthenie betroffen sind, fällt es schwer, Gesprochenes in Schrift umzusetzen. Viele Studien weisen darauf hin, dass die auditive und visuelle Wahrnehmung anders ablaufen als bei Nichtlegasthenikern. Betroffen sind vor allen Dingen die Sprachverarbeitung und die phonologische Bewusstheit (eine Vorläuferfertigkeit für den Schriftspracherwerb). Auch deshalb ist das psychiatrische Krankheitsbild „Legasthenie" durch die WHO (Weltgesundheitsorganisation) weltweit anerkannt und im Diagnosesystem ICD 10 festgelegt.

Psychische Begleitsymptome

Weitere Gründe, Legasthenie als psychiatrische Erkrankung zu definieren, liegen in den psychischen Begleitsymptomen. In einer kontrollierten Studie von Prof. A. M. Wilson[3] und Mitarbeitern wurden Erwachsene mit Lernstörungen (Männer und Frauen im Alter zwischen 15 und 44 Jahren) nach psychischen Problemen befragt. Unter Lernstörungen subsumieren diese Wissenschaftler AD(H)S, Legasthenie und Dyskalkulie. Von besonderem Interesse waren u.a. Depressionen, Angststörungen sowie Suizidgedanken. Die Auswertung der Daten ergab, dass Personen mit einer Lernstörung zwei bis fünf Mal häufiger über die oben genannten psychischen Beschwerden berichteten. 24 % der Männer und Frauen mit einer

[3] Wilson, A.M., Armstrong, C.D., Furrie, A. & Walcot, E. (2009): The mental health of canadiens with self-reported learning disabilities. Journal of Leanrning disabilities, 42 (1), 24–40.

Lernstörung gaben an, unter einer Depression zu leiden, von Suizidgedanken berichteten 33,4 % und Angststörungen fanden sich bei 25,8 %. Die Folgen von Lernstörungen können also sehr schwerwiegend sein.

Deutsches Prüfungsrecht

Aber Legasthenie ist nicht „nur" eine psychiatrische Diagnose, die politische Entwicklung nahm auch Einfluss auf das deutsche Prüfungsrecht. Das Störungsbild der Legasthenie ist inzwischen von der Rechtsprechung zum Prüfungsrecht als Behinderung anerkannt worden. Die Gerichte sprechen den betroffenen Studenten, Referendaren und Schülern mit Legasthenie aus dem Grundrecht (Art. 3 Abs. 1 GG) das Recht auf Nachteilsausgleich in den Prüfungen zu[4]. Für Sie als Lehrer ist es aus den oben genannten Gründen wichtig, frühzeitig die Alarmsignale der Legasthenie erkennen zu können.

1.1 Woran können Lehrer Legasthenie erkennen?

Informationen durch Entwicklungsbeobachtung

Wenn Ihnen in der Schule auffällt, dass sich ein Kind sprachlich nicht so entwickelt, wie es Alter und Curriculum angemessen wäre, können Sie bei den Eltern erste Informationen einholen. Damit diese Informationen gut fundiert sind, ist es wichtig, die bisherige Entwicklung des Kindes zu beachten. Auf der Begleit-CD finden Sie eine Checkliste zu Auffälligkeiten bei Legasthenie, die Sie als Orientierungshilfe für ein Gespräch mit den Eltern heranziehen können.

Wichtige Hinweise zur Verwendung von Checklisten als Orientierungshilfen

Für die Abschnitte zu den beschriebenen Bereichen des spezifischen Förderbedarfs (Legasthenie, Dyskalkulie, AD(H)S, Hochbegabung) haben wir Checklisten zusammengestellt. Die Checklisten sind einerseits hilfreich, weil sie erste Anhaltspunkte aufzeigen können, andererseits sind sie auch problematisch. Es stellt sich nämlich die Frage, wie viele der genannten Merkmale erfüllt sein müssen, damit man von Legasthenie, Dyskalkulie, AD(H)S oder Underachievement sprechen kann – drei, sieben oder alle?

Daher gilt für Checklisten folgende Regel: Sie dienen als Orientierungshilfe, d. h. sie bieten die Möglichkeit eines ersten Überblicks und können so behilflich sein, miteinander ins Gespräch zu kommen. Sie ersetzen jedoch auf gar keinen Fall die gründliche Diagnostik durch einen Fachmann (Psychologe, Kinder- und Jugendlichen-Psychotherapeut, speziell ausgebildete Lehrkräfte). Wenn mehrere Symptome zutreffen, sollten Sie auf jeden Fall einen Spezialisten hinzuziehen. Des Weiteren ist es wichtig, auch das Lernverhalten der betroffenen Kinder zu analysieren. Dies ist ausführlich in Kapitel III beschrieben.

---

[4] Urteil vom 23.3.2006 – L 4 KR 279/04 = JAmt 2006, 314ff (315); Beschluss vom 19. August 2002, Az: 3 M 41/02 – Leitsätze bei juris; etc.

Förderbedarf ist immer individuell

Jedes Kind/jeder Jugendliche hat sein eigenes Störungsbild. Manche Schüler haben eine Legasthenie, manche eine Lese-Rechtschreib-Schwäche (ohne die Diagnosekriterien der WHO vollständig zu erfüllen), bei anderen zeigt sich in dieser Störung ein psychoreaktives Verhalten auf andere Ursachen, wie z.B. die Trennung der Eltern oder die Geburt eines Geschwisterchens. Das bedeutet für Lehrer, Eltern und Therapeuten, den Einzelfall genau zu betrachten – der Förderbedarf ist immer individuell.

Alle im Folgenden aufgeführten Symptome können vereinzelt oder kombiniert auch bei nicht legasthenen Kindern/Jugendlichen auftreten, deshalb ist es wichtig, keine voreiligen Schlussfolgerungen zu ziehen. Die beobachtbaren Symptome liefern erste Anhaltspunkte, sie ersetzen jedoch nicht die gründliche Diagnostik durch Spezialisten.

Weiterführende Schule

Unbehandelt bleiben die Schwierigkeiten bestehen. Das Lesen fällt weiterhin sehr schwer, die demotivierenden Erfahrungen der Kinder/Jugendlichen führen nicht selten zur Schulverweigerung. Es kommt also häufig zu einer Kombination schulischer und seelischer Schwierigkeiten.

Finanzierungsquellen für eine Legasthenietherapie

- **Schulische Schwierigkeiten:** Wenn schulische Hilfen nicht ausreichen, gewährt das zuständige Jugendamt auf Antrag die Kostenübernahme für spezielle Legasthenietherapien. Dazu müssen die im Gesetz (§35a SGB VIII) aufgestellten Voraussetzungen nachgewiesen werden. Und hier ist es wichtig, dass Sie die Eltern auf eine „Hürde" des Antragsprozesses hinweisen: Im Antragsformular muss unter anderem angegeben werden, dass das Kind/der Jugendliche „von einer seelischen Behinderung betroffen oder es von einer solchen bedroht sei". Dies fällt vielen Eltern – verständlicherweise – sehr schwer! Es ist aber leider unumgänglich, um die entsprechenden Fördermittel erhalten zu können. Mögliche Fördermaßnahmen umfassen die Finanzierung einer Legasthenietherapie außerhalb der Schule. Immer dann, wenn die Möglichkeiten schulischer Förderung nicht ausreichen, vor allem aber in Fällen schwer ausgeprägter Legasthenie, sind Eltern auf außerschulische Fördermöglichkeiten bzw. Therapien angewiesen. Einen ausgesprochen gut verständlichen und umfangreichen Flyer zu diesem Thema hat der Bundesverband für Legasthenie und Dyskalkulie erstellt. Dieser ist im Internet frei zugänglich (siehe Literatur- und Downloadempfehlungen).

- **Psychische Schwierigkeiten:** Als Sekundärsymptomatik im psychischen Bereich zeigen die Kinder manchmal depressive Symptome, sind ängstlich (z. B. Prüfungsangst) oder leiden unter psychosomatische Beschwerden. Die Lern- und Leistungsstörung wirkt sich auch auf die Identität der Kinder aus. Sie haben häufig einen geringeren Selbstwert (der sich vom Schulbereich auf den gesamten Selbstwert ausdehnen kann). Dies kann sich in Aggressionen (die sich nach außen oder gegen sich selbst richten können), in Aufmerksamkeitsproblemen oder in unsicherem Sozialverhalten äußern. Schule und Lernen lösen Angst aus und die Hausaufgabensituation führt häufig zu Störungen in der familiären Kommunikation, da sich die Gespräche häufig nur noch um Leistung drehen und die Stärken des Kindes/des Jugendlichen aus dem Blickfeld geraten. Bei familiären Problemen oder seelischen Belastungen des Kindes/des Jugendlichen ist es wichtig, frühzeitig die Hilfe von Kinder- und Jugendpsychotherapeuten in Anspruch zu nehmen. Die Diagnostik und daraus resultierende Therapien zahlt die Krankenkasse.

Was tun bei psychischen Problemen?

1.2 Welche diagnostischen Möglichkeiten gibt es?

Seriöse Diagnostik

Eine seriöse Diagnose wird durch eine Zusammenarbeit von Ärzten und Psychologen in klinischen Einrichtungen (z. B. Sozialpädiatrischen Zentren, Ambulanzen der Kinder- und Jugendpsychiatrien) erstellt. Häufig bieten auch andere Institutionen oder Personen Hilfen an. Der „Beratungsmarkt" ist dadurch sehr unübersichtlich geworden. Es stellt sich die Frage, welche Diagnostik und welche Form der Therapie Sie Eltern empfehlen sollten. Achten Sie auf eine qualifizierte Ausbildung der Personen, die eine Diagnose erstellen (Kinder- und Jugendpsychotherapeuten, Kinder- und Jugendpsychiater, Schulpsychologen, Diplom-Psychologen mit lerntherapeutischer Qualifikation), ebenso bei den Personen, die eine Therapie durchführen (Diplom-Psychologen, Heilpädagogen, Lehrer mit lerntherapeutischer Qualifikation). Ein Rechtschreibtest allein genügt nicht, um eine sichere Diagnose erstellen zu können. Auch müssen sich Eltern häufig auf sehr lange Wartezeiten einstellen, bis es zu einer Diagnostik und/oder Therapie kommen kann.

Für eine umfassende und aussagekräftige Diagnostik sind folgende Verfahren wichtig:

- Intelligenztest (z. B. HAWIK IV, CFT, SON-R, ...)
- Bei Vorschulkindern: Vorläuferfertigkeiten für Lesen und Rechtschreiben (BISC)
- Lesetest (z. B. Zürcher SLRT, Würzburger Leiseleseprobe, Knuspel, ELFE 1–6)
- Rechtschreibtest (z. B. SLRT, HSP, DRT, WRT)
- Visueller Wahrnehmungstest (FEW II, DTVP)
- Angsttest (z. B. AFS, KAT II)
- Verhaltensliste (z. B. CBCL 4-18)
- Gespräche mit Kind/Jugendlichem, Eltern und Erziehern
- Ärztliche Untersuchungen (Augenarzt, HNO-Arzt); evtl. weitere Untersuchungen durch Neurologen, Pädaudiologen etc.
- In einigen Bundesländern ist für die Anerkennung der Legasthenie durch die Schule eine psychiatrische Untersuchung Pflicht.

1.3 Wie können Lehrer die Eltern von Legasthenie-Schülern beraten?

Absinken der Lernmotivation verhindern

Gerade die Grundschulzeit ist für legasthene Kinder besonders belastend. Die Lernschwäche macht sich in allen Fächern bemerkbar; technische oder künstlerische Fächer, in denen sich diese Kinder beweisen könnten, sind laut Curriculum kaum oder gar nicht vorgesehen. Da sich die Kinder in der Schule so wenig beweisen können, sinkt die Leistungsmotivation immer mehr. Es kommt zu einer Abwärtsspirale aus Schul- und Lernunlust. Dies führt zu immer größerer Frustration und kann sich gerade in der weiterführenden Schule in sozial auffälligem Verhalten bemerkbar machen. Ein konstruktiver Dialog zwischen Schule und Elternhaus ist deshalb sehr wichtig. Auch bei spezifischem Förderbedarf können Beratungen dem Ansatz aus Kapitel II zu Grundlagen der Beratungsarbeit folgen. Es ist aber wichtig, hier den Fokus besonders auf Empathie, Ressourcen, Ziele und Lösungen zu legen. Eltern von Förderkindern sind häufig emotional betroffen und benötigen viel Wertschätzung.

Psychologische und pädagogische Förderung

Bezüglich Therapien ist es für Sie als Lehrer wichtig, Folgendes zu wissen: **Psychotherapien** können Ängste abbauen und den „Teufelskreis Lernstörung" auflösen helfen. Es ist individuell abhängig, ob sie die Voraussetzung, Begleitung oder die Nachbereitung der Legasthenietherapie bilden sollen, um der Entwicklung von psychischen Symptomen entgegenzuwirken. Sie bieten jedoch keinen Ersatz der Übungen mit Wörtern, Silben und Lauten. Alle **pädagogischen Übungsangebote** konzentrieren sich hauptsächlich auf das Training von Lesen und Rechtschreiben. Welche Therapieangebote können Sie als Lehrer Eltern empfehlen?

Der Bundesverband Legasthenie und Dyskalkulie (BVL) hat einen Fragenkatalog für die Auswahl von Förderinstituten erstellt, der Eltern und Lehrern als Orientierungshilfe dienen kann. Dieser kann auf der Internetseite des BVL abgerufen werden (siehe Literatur- und Downloadempfehlungen). An dieser Stelle werden nur die zentralen Bereiche des Fragenkatalogs aufgeführt. Eine ausführliche Zusammenstellung finden Sie auf der Begleit-CD.

Förderinstitute finden

Fragenkatalog zur Auswahl von Förderinstituten

1) Wird mit anderen klinischen/therapeutischen Institutionen zusammengearbeitet?
2) Welche Bereiche werden gefördert?
3) Wer führt die Hilfen durch?
4) Methoden und Materialien der Förderung
5) Elternarbeit und Zusammenarbeit mit Schule und Ämtern

1.4 Was können die Eltern tun?

Grundsätzlich sollte die Verantwortung für den Lernprozess bei der Schule bleiben. Dies ist auch vom Gesetzgeber so vorgesehen. Eltern sollten nicht als Hilfslehrer fungieren, gerade um den Konfliktbereich Leistung familiär nicht zu groß werden zu lassen. Es liegt aber auch viel Erziehungsverantwortung bei den Eltern. Sie können ihrem legasthenen Kind nur helfen, wenn sie das Problem ihres Kindes in seiner Tragweite verstehen und akzeptieren sowie einen gewissen Abstand dazu aufgebaut haben. Druck, Frustration und schlechtes Gewissen gefährden eine erfolgreiche Zusammenarbeit von Schule und Elternhaus. Es ist besser, die Lese-Rechtschreib-Förderung an Außenstehende abzugeben und dem Kind innerhalb der Familie den Rücken zu stärken, indem es einfach angenommen und geliebt wird, so wie es ist.

Kinder mit ihren Besonderheiten annehmen und unterstützen

Am wichtigsten für Kinder und Jugendliche ist, dass sie sich geliebt und angenommen fühlen. Auf dieser Basis können Eltern ihrem Kind die Legasthenie erklären und versuchen, ihm so das Gefühl des Versagens zu nehmen. In Lerntrainings und der Legasthenietherapie kann das Kind/der Jugendliche einüben, die eigene Lernsituation durch bestimmte Methoden zu verbessern und selbstreguliert zu steuern. Die Überforderungs-Versagens-Spirale darf zu Hause nicht fortgesetzt werden!

Weiterführende Tipps

Die folgenden Lern- und Sprachentipps des Bundesverband Legasthenie und Dyskalkulie (BVL) können Sie dabei unterstützen:

- Das Kind/der Jugendliche braucht Selbstvertrauen! Deshalb sollten Eltern gemeinsam mit dem Schüler seine Stärken herausfinden und dann geeignete Lernstrategien überlegen, die zu ihm passen (s. Kapitel III).
- Eltern sollten Erfolge ihres Kindes loben und nicht auf die Misserfolge fokussieren. So können Sie die Lernmotivation des Schülers fördern. Ebenso sollten Sie Fleiß und Mühe anerkennen, auch wenn sie nicht zum Erfolg geführt haben. In einer solch vertrauensvollen Beziehung kann dann auch über die Ursachen von „verhauenen" Klassenarbeiten nachgedacht werden (z. B. falsche Lernstrategien), ohne dass das Selbstwertgefühl unterminiert wird.
- Eltern sollten keine kurzfristigen Erfolge in Aussicht stellen, sondern ihr Kind darauf vorbereiten, dass Lernen lebenslang erfolgt und manchmal einen langen Atem brauchen.
- Lesen ist wichtiger als Rechtschreiben! Die Lesekompetenz des Schülers ist für den Wissenserwerb in anderen Fächern wichtig.
- Lernen gelingt am besten, wenn es spielerisch erfolgt. Viele geeignete Gesellschaftsspiele, die das Buchstabieren fördern (z. B. Scrabble, Wort-Kniffel usw.), können zu Hause gespielt werden. In einer solchen entspannten familiären Situation sind Fehler erlaubt, die spielerischen Wiederholungen sind ideal, um sich die Wörter einzuprägen, und die gute Beziehung zwischen Eltern und Kind kann vertieft werden.

Lerntipps für LRS-Schüler

- Lernen Sie mit Ihrem Kind in überschaubaren Stoff- und Zeiteinheiten. Überforderung frustriert und schadet langfristig der Lernmotivation.
- Verwenden Sie Farben – zum Hervorheben, Strukturieren und Kennzeichnen (z. B. Textmarker, Buntstifte).
- Verwenden Sie Lautgebärdensprache beim Einüben von Buchstaben und beim Buchstabieren von Wörtern.
- Legen Sie Karteikästen an – z. B. für schwierige Wörter.
- Nutzen Sie beim Lernen alle Sinneskanäle: Sehen, Hören, Sprechen, Schreiben, Bewegen. Z. B. lautes Mitsprechen von Geschriebenem, Visualisierung von Zahlen durch Mengenbilder, Mitschreiben von Gehörtem, Nachsprechen von Gehörtem, Hüpfen von Silben usw.
- Beim Üben von Diktaten nur mit Merkwörtern arbeiten – keine Quälerei mit ganzen Texten.
- Viele Kinder arbeiten lieber am Computer. Treffen Sie dahingehend Absprachen mit den Lehrern.
- Verwenden Sie stets neue Texte, gerade jüngere Kinder lernen schnell auswendig.
- Überprüfen Sie, ob das Kind den Text verstanden hat, stellen Sie Fragen zum Inhalt.

Fremdsprachen-Tipps

Das Erlernen von Fremdsprachen fällt vielen Legasthenikern besonders schwer, weil neue Zuordnungen zwischen Gehörtem (Laut), Geschriebenem (Wortbild) und der deutschen Bedeutung gelernt werden müssen.

Wichtig sind hilfreiche Lerntechniken, die der unterschiedlichen Schreib- und Sprechweise gerecht werden.

- Auch hier gilt wieder: Lesen können (Wissensaufnahme) kommt vor Rechtschreibung!
- Strukturiertes Arbeiten, spielerisches Lernen, Einsatz der Lautgebärdensprache und das Lesen von unbekannten Texten sind wichtige Hilfen für das Sprachenlernen.
- Nutzen Sie Visualisierungshilfen (Symbole, Farben, Lernplakate, Mind-Maps).
- Lassen Sie Ihr Kind häufig deutlich und langsam sprechen, verwenden Sie keine Abkürzungen (nicht „I'm" sondern „I am"), lassen Sie die Vokabeln buchstabieren und sprechen, wie man sie schreibt.
- Üben Sie täglich 10 Vokabeln und lassen Sie damit freie Sätze bilden. Vereinbaren Sie mit Ihrem Kind, wie mit dem Englischbuch zu arbeiten ist (z. B. erst die Grammatikseite, dann die Übungen usw.).
- Kinder sind neugierig und interessiert, neue Sprachen zu lernen. Machen Sie sich diese Motivation zunutze! Englischsprachige Bücher und Filme im jeweiligen Wortschatzniveau, gute Lernsoftware oder gar ein Sprachaustausch können die Freude am Lernen sehr unterstützen.

Literaturempfehlungen

Dummer-Smoch, L. (2002): Mit Phantasie und Fehlerpflaster. Hilfen für Eltern und Lehrer legasthenischer Kinder. München: Ernst Reinhardt.

Firnhaber, M. (2005): Legasthenie und andere Wahrnehmungsstörungen. Wie Eltern und Lehrer Risiken frühzeitig erkennen und helfen können (3., stark erw. Neuauflage). Frankfurt: Fischer.

Schulte-Körne, G. (2004): Elternratgeber Legasthenie. München: Knaur.

Weitere Literaturhinweise und Internetseiten finden Sie auf der Begleit-CD.

2 Dyskalkulie: Wenn Rechnen Bauchschmerzen macht

Fallbeispiel: Susanne

Susanne ist eine Schülerin in der 7. Klasse. Bei ihr liegt seit der Grundschule eine diagnostizierte Dyskalkulie vor. Sie zählte „mit den Fingern" und brauchte zum Rechnen immer „etwas Konkretes zum Anfassen". Die Grundrechenarten und das Einmaleins hat sie auswendig gelernt, die Lösungstabellen hatte sie im Kopf. Die Ergebnisse konnte sie auswendig aufschreiben, den Lösungsweg dorthin und den mathematischen Zusammenhang hat sie nie verstanden. Für ihre Hausaufgaben brauchte Susanne unendlich lange, bei Mathe auch Unterstützung durch die Eltern. Regelmäßig kam es zu Konflikten in der Hausaufgabensituation. Während der Grundschule ging das noch einigermaßen gut, auf dem Gymnasium war es dann mit der Strategie „Auswendiglernen" vorbei: Susanne schrieb in den Klassenarbeiten eine Fünf oder Sechs nach der anderen. Susanne lernte voller Verzweiflung nur noch für Mathe. Dadurch litten die anderen Fächer und ihre anderen Schulnoten sackten auch ab. Sie entwickelte psychosomatische Symptome – schon der Gedanke an Mathe führte zu quälenden Kopfschmerzen und Übelkeit. Auch konnte sie in den Nächten vor „Mathetagen" nicht mehr gut schlafen und wachte oft auf.

Wegen des geringen Selbstwertgefühls und des großen schulischen Drucks leidet sie unter Prüfungsangst. Die schriftlichen Leistungen sind oft nur ausreichend oder manchmal sogar mangelhaft. Musik und Deutsch sind die Fächer, in denen sie keine Probleme hat. Wegen des Drucks fühlt sie sich jedoch sehr gestresst und hat oft keine Lust mehr, zur Schule zu gehen.

Multikausales Modell der Dyskalkulie

Die moderne Mathematikdidaktik geht bei der Entstehung der Dyskalkulie von einem multikausalen Modell aus: In diesem Modell trifft das System Schüler (soziale, psychische und biologische Faktoren) auf das System Schule (Curriculum, Lehrer mit individuellem Lehrstil, Lehrmaterial). Erst die ungenügende Passung dieser beiden Systeme führt zu der Manifestation von Symptomen.

Dyskalkulie ist eine psychiatrische Diagnose

Dyskalkulie ist eine anerkannte psychiatrische Diagnose der WHO (Weltgesundheitsorganisation) und ist in der ICD 10 (International Classification of Diseases) nachzulesen. Auch wenn ihr noch nicht in allen Bundesländern der gleiche rechtliche Status wie der Legasthenie eingeräumt wird, können Lehrer und Eltern betroffene Schüler unterstützen.

Definition: Dyskalkulie

Schüler, die von Dyskalkulie betroffen sind, zeigen im Mathematikunterricht auffällig schwache Leistungen, die sich nicht durch eine Intelligenzminderung erklären lassen. Arithmetische Grundlagen (z. B. Zahlbegriff, Grundrechenarten, Dezimalsystem) wurden inhaltlich nicht verstanden, der Automatisierungsprozess im Rechnen blieb aus. Betroffene Schüler sind deshalb auf die konkrete Handlung angewiesen (z. B. Rechnen mit Fingern, Gegenständen).

2.1 Woran können Lehrer Dyskalkulie erkennen?

Symptome in der weiterführenden Schule

Da die arithmetischen Grundlagen nicht ausreichend gelernt werden konnten, sind betroffene Schüler häufig bereits in der Grundschule auffällig. Dennoch sind die Symptome auch in den weiterführenden Jahrgangsstufen zu finden, denn Dyskalkulie wächst sich nicht aus – sie muss therapiert werden. Besonders Kinder mit hoher Intelligenz oder einer guten allgemeinen Auffassungsaufgabe zeigen „verdeckte" Symptome, da sie sich während der Grundschule mit Hilfsstrategien wie Auswendiglernen zum Klassenziel hin „gerettet" haben. Äußerlich erwecken sie den Anschein eines mittelmäßigen Schülers, sie haben jedoch das rechnerische Denken nicht verinnerlicht.

Alle im Folgenden aufgeführten Symptome können vereinzelt oder kombiniert auch bei nicht rechenschwachen Kindern auftreten, deshalb ist es wichtig, keine voreiligen Schlussfolgerungen zu ziehen. Die beobachtbaren Symptome liefern erste Anhaltspunkte, sie ersetzen jedoch nicht die gründliche Diagnostik durch Spezialisten.

Typische Auffälligkeiten

In der Sekundarstufe I könnten Sie bei Kindern/Jugendlichen mit Dyskalkulie folgendes Verhalten beobachten:

- Für einfache Aufgaben werden übermäßig viel Zeit und Konzentration benötigt.
- In Klassenarbeiten gibt es eine große Anzahl nicht gelöster Aufgabenblöcke, obwohl dieser Aufgabentyp bereits in vorherigen Aufgabenstellungen erfolgreich bearbeitet werden konnte.
- Häufiges Arbeiten auf der konkreten Ebene (z. B. Finger) oder Rechnen durch Zählen führen zu einem eingeschränkten Arbeitstempo.
- Erklärungen werden mechanisch verarbeitet. Auch wenn sie richtig angewandt werden konnten, sind sie tags darauf vergessen.

- Es gibt große Leistungsunterschiede innerhalb einer Klassenarbeit: Strukturgleiche Aufgaben werden besser bearbeitet als wechselnde.
- Zählen gelingt z. T. (numerische Aufgaben), analytische Aufgaben (Platzhalteraufgaben) sind unlösbar.
- Für das Kopfrechnen im Zahlenraum bis 100 werden schriftliche Lösungen bevorzugt.
- Das 1×1 kann nur mechanisch erlernt werden, es fehlt jedes logische Verständnis.
- Bei Subtraktionen mit Stellenüberschreitung kommt es häufig zur Inversion von Minuend und Subtrahend ($395 - 97 = 302$).
- Schätzendes Rechnen im Kopf ist nicht möglich, nur schriftlich.
- Die Bedeutung des Übertrages kann nicht begriffen werden.
- Die Null als Platzhalter für unbesetzte Stellen im Dezimalsystem ist unverstanden.
- Dem Bruchrechnen stehen Betroffene mit Verständnislosigkeit gegenüber, ebenso relationalem Denken.
- Es kommt zu Unsicherheiten bei der Verwendung des Dezimalkommas oder dem Umrechnen von Größen.
- Es ist schwierig für Betroffene, Sachaufgaben die relevanten Informationen zu entnehmen.

Auf der Begleit-CD finden Sie eine Checkliste zu Auffälligkeiten bei Dyskalkulie, die Sie im Elterngespräch nutzen können. Wichtig: Beachten Sie die Hinweise zur Anwendung der Checkliste auf Seite 57. Die Checkliste ist nur eine Orientierungshilfe!

Mögliche Begleitsymptome

Kinder/Jugendliche, die von Dyskalkulie betroffen sind, können zusätzlich von Legasthenie oder allgemeinen Lernschwierigkeiten betroffen sein. Eine weitere mögliche Folge der Lernschwierigkeiten sind psychische Auffälligkeiten wie Depression und Angst. Ebenso kann es zu sozialen Verhaltensauffälligkeiten kommen. Deshalb ist es wichtig, bei einem Verdacht die Eltern zu informieren und diagnostische Maßnahmen einzuleiten.

2.2 Welche diagnostischen Möglichkeiten gibt es?

Dyskalkuliediagnostik

Die Diagnose sollte immer durch einen Fachmann erstellt werden (s. Kapitel Legasthenie). Auch hier gilt das Kriterium der Diskrepanz zwischen IQ-Wert und Rechentestergebnis.

Zu einer gründlichen Diagnostik gehören folgende Verfahren:

- individuelle systematische Fehleranalyse (quantitativ und qualitativ) durch Beobachtung
- Intelligenztest (z. B. HAWIK IV, CFT ...)
- Rechentest (z. B. Zareki R, BADYS 4+ bis Anfang 6. Klasse, HRT bis Anfang 5. Klasse, Eggenberger Rechentest bis Mitte 5. Klasse, RZD 2–6)
- Probleme bei basalen Voraussetzungen zum Erlernen mathematischer Inhalte:
  - Visuelle Wahrnehmung: DTVP-A (ab 11 J. bis 77 J.)
  - Motorik: LOS KF 16 (bis 13 J.)
- Angsttest (z. B. AFS, KAT II)
- Verhaltensfragebogen (z. B. Eltern: CBCL 4–8; Lehrer: TRF 5–18, für Schüler ab 11 Jahren: YSR)

2.3 Wie können Lehrer die Eltern von Dyskalkulie-Schülern beraten?

Regelmäßige Lernentwicklungsgespräche anbieten

Am allerwichtigsten ist, dass betroffene Kinder/Jugendliche von ihren Eltern geliebt und akzeptiert werden, so wie sie sind. Die Themen Schule und Lernen sind bei Betroffenen häufig mit Angst besetzt und können das Familienklima nachhaltig belasten. Deshalb sollten Sie in Beratungsgesprächen vermeiden, die Schuldfrage zu thematisieren oder einseitige Erklärungen auf Seiten des Schülers oder der Eltern zu suchen. Sie können regelmäßige Lernentwicklungsgespräche im Rahmen des Förderplans anbieten. Für die Eltern können Sie zu Hause „Familienkonferenzen" empfehlen. Das sind Gesprächsrunden der Familie, die nicht nur Raum für das Thematisieren von Ängsten und Traurigkeit bieten, sondern sie sollten vor allen Dingen mit positiven Gefühlen verbunden werden. So könnte hier z. B. gelobt und ermuntert oder gemeinsame Ausflüge geplant werden.

Lernumgebungen zu Hause adaptiv gestalten

Es ist auch wichtig, dass Eltern den Kindern/Jugendlichen in Bezug auf das Lernen den Rücken stärken. Dabei können Eltern jedoch keine Therapie oder individuellen Förderunterricht ersetzen. Ein wesentlicher Punkt in der Elternberatung dürfte aber sein, die Grundlagen für das häusliche Üben zu verbessern. Die Verwendung von Elternbriefen, Checklisten und Informationsblättern, in denen der Umgang mit den Übungsmaterialien erklärt wird, hat sich bewährt. Zu Hause kann dann immer wieder darauf zurückgegriffen werden kann. Näheres zur Unterstützung des Lernens durch die Eltern finden Sie im Kapitel III. Zusätzlich kann es hilfreich sein, wenn die Eltern an einem Lernen-lernen-Training teilnehmen.

Sollten außerschulische Hilfen in Anspruch genommen werden, gelten ähnliche Kriterien bei der Auswahl der Therapieeinrichtung wie bei der Legasthenie. Hinweise für Kriterien zur Auswahl von Therapieeinrichtungen finden Sie ebenfalls im Kapitel „Legasthenie". Vielleicht gibt es an Ihrer Schule bereits eine Auflistung von Lerntherapeuten, Beratungseinrichtungen und anderen therapeutischen Institutionen, die den Eltern empfohlen werden können.

Außerschulische Hilfen

Literaturempfehlungen

Bonhoff, A. & Lehr, G. (2006): Ratgeber Rechenschwäche. Berlin: Verlag Dr. Köster.

Born, A. & Oehler, C. (2004): Kinder mit Rechenschwäche erfolgreich fördern. Ein Praxishandbuch für Eltern, Lehrer und Therapeuten. Stuttgart: Kohlhammer.

Dehaene, S. (1999): Der Zahlensinn oder Warum wir rechnen können. Basel: Birkhäuser.

Gaidoschik, M. (2007): Das Handbuch für LehrerInnen und Eltern. Rechenschwäche vorbeugen. Wien: Oebvhpt Verlags GmbH & Co. KG.

Jacobs, C., Petermann, F. & Gehrmann, K. (2007): Ratgeber Rechenstörungen. Göttingen: Hogrefe.

Weitere Literaturhinweise und Internetseiten finden Sie auf der Begleit-CD.

3 AD(H)S: Zappelphilipp und Träumerchen lernen anders

Fallbeispiel Tim

Tim hat eine besondere Vorliebe für Naturwissenschaften und liebt es, interessante Dinge auszuprobieren und selber zu machen. In der Schule findet Tim es oft langweilig. „So viel zuhören und stillsitzen, das ist doof!", sagt er. Tim sitzt vorne in der Klasse an einem Einzeltisch. Er hat Schwierigkeiten, ruhig auf seinem Stuhl sitzen zu bleiben, besonders in Deutsch und Englisch. Häufig steht er einfach auf und läuft durch den Klassenraum. Durch sein Verhalten werden die anderen Kinder vom Unterricht abgelenkt. Deshalb hat ihn sein Lehrer umgesetzt. Jetzt versucht Tim, durch Clownereien mit den anderen Kindern in Kontakt zu kommen. Dies gelingt ihm meist ganz gut. Auch hat er ständig etwas auf seinem Tisch liegen, mit dem er herumspielt. Es gibt zwar die Regel, dass nichts auf der Arbeitsfläche liegen darf, was nicht für den Unterricht benötigt wird. Aber Tim hält sich einfach nicht daran. Sein Lehrer muss ihn deshalb ständig ermahnen.

Wenn der Lehrer in der Annahme mit einem anderen Kind schimpft, es hätte einen Streit mit seinem Sitznachbarn begonnen, mischt sich Tim häufig ein. Er kann es nicht ausstehen, wenn Kinder ungerecht behandelt werden. Dann setzt er sich lautstark für sie ein und erklärt, wer denn nun wirklich an dem Streit schuld ist.

Die Eltern haben eine liebevolle Beziehung zu ihrem Sohn. Es gibt zu Hause auch nicht so viele Probleme wie in der Schule, nur wegen Hausaufgaben oder der Zubettgehzeiten gibt es oft Diskussionen. Um seinen Hund kümmert sich Tim hingegen rührend. Tim hat unglaublich viel Ahnung von Computern und schraubt den ganzen Tag daran herum.

Definition: AD(H)S

ADHS (Aufmerksamkeits-Defizit-Hyperaktivitäts-Störung) ist eine international anerkannte psychiatrische Diagnose der WHO. Leitsymptome sind seit der Kindheit bestehende Schwierigkeiten mit Konzentration und Aufmerksamkeit, Probleme mit der Planungs- und Handlungskontrolle, eine mangelnde Impulskontrolle sowie motorische Hyperaktivität.

Zappelphilipp oder Träumerchen?

Früher nannte man diese Erkrankung auch das Zappelphilipp-Syndrom. Es gibt jedoch nicht nur die „Zappelphilippe", sondern auch Kinder mit dem Spitznamen „Hans guck' in die Luft". Was ist der Unterschied? Die Kinder/Jugendliche, die „Zappelphilippe" genannt werden, zeigen Symptome einer ADHS (s. o.). Die sogenannten „Träumer" oder „Hans guck' in die Luft-Kinder" zeigen die Symptome einer ADS. Das bedeutet, bei ihnen sind alle Symptome einer ADHS bis auf die motorische Unruhe (Hyperaktivität = H) beobachtbar. Häufig bestehen jedoch Schwierigkeiten mit Aufmerksamkeit und Hyperaktivität gemeinsam.

Mögliche Begleitsymptome

AD(H)S stellt eine ernsthafte Gefahr für die Lebensqualität dar, da es häufig zu sozialen Schwierigkeiten kommen kann. Bei betroffenen Kindern, Jugendlichen und Erwachsenen sind außerdem Lern- und Verhaltensstörungen, Depressionen, Angststörungen und andere psychische Erkrankungen beobachtbar.

3.1 Wann können Lehrer AD(H)S vermuten?

Mögliche Auffälligkeiten in der Schule

Wenn ...

- der Schüler ständig aus dem Fenster schaut und „träumt".
- es in der Schultasche chaotisch aussieht.
- der Schüler die besten Absichten hat und trotzdem ständig etwas schiefgeht.
- Abmachungen und Regeln vom Schüler oft vergessen werden.
- unliebsame Aufgaben und Projekte gerne aufgeschoben werden.
- viele Aufgaben angefangen, aber nur wenige beendet werden.
- die Hausaufgaben eine Qual sind – für Schüler, Lehrer und Eltern!
- das Zusammensein in der Gruppe oft zu Konflikten führt, die Eins-zu-Eins-Situation dagegen zumeist problemlos gelingt.
- die Unruhe des Schülers den Unterricht stört.
- der Schüler häufig Flüchtigkeitsfehler macht.
- der Schüler auf die Ansprache durch den Lehrer kaum reagiert und abwesend wirkt.
- der Schüler Organisationsschwierigkeiten hat (z. B. Vergessen wichtiger Unterlagen).
- es zu stark schwankenden Leistungen kommt (sehr gute Leistungen in einzelnen Bereichen, in anderen unerklärliche Leistungsfehler).

3.2 Woran können Eltern eine Aufmerksamkeitsstörung erkennen?

Typische Hinweise auf eine Aufmerksamkeitsstörung

Das Kind/der Jugendliche hat ...

- Mühe, die Aufmerksamkeit – besonders bei uninteressanten Tätigkeiten oder Vorgängen – zu halten (z. B. es/er träumt, ist abgelenkt, macht Flüchtigkeitsfehler).
- Probleme mit der Konzentration, ist schnell erschöpft und hat Schwierigkeiten, zuzuhören.
- Schwierigkeiten bei der Handlungsplanung und Ausführungskontrolle von Aufgaben und Aktivitäten: Häufig werden Dinge angefangen und nicht beendet.
- große Schwierigkeiten, sich Dinge zu merken, es/er vergisst schnell.
- Probleme, Ordnung zu halten, häufiges Verlieren und Verlegen von Gegenständen, z. B. Stifte, Bücher, Kleidung, Spielsachen, sind an der Tagesordnung.
- „Stöpsel in den Ohren": Es fehlt häufig eine Reaktion bei Ansprache.
- große Schwierigkeiten bei den Hausaufgaben. Dies kann zu einem täglichen Machtkampf mit den Eltern ausarten. Das Kind/der Jugendliche zeigt Aufschiebeverhalten oder versucht, die Hausaufgaben zu umgehen. Auch stehen die Kinder/Jugendlichen bei den Hausaufgaben ständig wieder auf und können sich nicht dauerhaft konzentrieren. Wichtige Materialien werden in der Schule vergessen oder verloren.
- viele Flüchtigkeitsfehler.
- hat eine verkrampfte Schreibhaltung mit zu hohem Druck.
- „sieht den Wald vor lauter Bäumen nicht": Beim Gelernten werden zwar die Details erinnert, meist aber nicht der Gesamtzusammenhang.
- benötigt für das Lernen übermäßig viel Zeit, es bleibt nur wenig Raum für Freizeit.
- kann sich sehr gut und lange auf Dinge konzentrieren, die Spaß machen und so eine intrinsische Motivation wecken.

Wie äußert sich Hyperaktivität?

Der Schüler zeigt ...

Typische Hinweise auf Hyperaktivität

- einen gesteigerten Bewegungsdrang (z. B. Unruhe in Händen und Füßen, mit dem Stuhl schaukeln, zappeln, während des Unterrichts in der Klasse herumlaufen, häufiges Zur-Toilette-Gehen).
- ein unruhiges Verhalten (ins Heft kritzeln, ständig etwas in den Fingern haben).
- innere Unruhe (vor allem bei Jugendlichen und Erwachsenen).
- Probleme, Gefahren wirklich einschätzen zu können – es besteht erhöhtes Unfallrisiko.

Woran erkennen Sie eine vermehrte Impulsivität?

Das Verhalten des Schülers ist gekennzeichnet durch ...

Typische Hinweise auf eine Impulskontrollstörung

- eine große Ungeduld sowie Schwierigkeiten, zu warten, bis es mit dem Antworten dran ist.
- Stören und Unterbrechen, wenn andere sich unterhalten.
- übermäßiges und lautes Reden, auch wenn es in der Situation sozial nicht angemessen ist.
- Probleme bei dem Verinnerlichen von Verhaltens- und Alltagsregeln.
- eine niedrige Frustrationstoleranz, ungesteuerte Reaktionen bei Wut und Freude sowie große Stimmungsschwankungen.

Deshalb hat der Schüler oft ...

- Kontaktschwierigkeiten (diese Kinder finden häufig keinen Anschluss, haben kaum Freunde, bleiben in Gruppen Außenseiter).

Zusätzlich kann es Schwierigkeiten in folgenden Bereichen geben:

Mögliche weitere Problembereiche

- Lese-, Rechtschreib- und Rechenschwäche,
- Auffälligkeiten in der sozial-emotionalen und/oder Sprachentwicklung
- und psychische Probleme, wie z. B. Depressionen und Ängste.

Die oben genannten Symptome sind nicht bei jedem von AD(H)S betroffenen Schüler gleichermaßen ausgeprägt. Die Erkrankung kann sich auf sehr unterschiedliche Art bemerkbar machen. Deshalb ist das genaue Hinschauen bei jedem Einzelfall so besonders

wichtig. Sie finden auf der Begleit-CD eine Checkliste zu Auffälligkeiten bei AD(H)S, die Sie in Elterngesprächen nutzen können. Wichtig: Beachten Sie die Hinweise zur Anwendung der Checkliste auf Seite 57. Die Checkliste ist nur eine Orientierungshilfe!

3.3 Welche diagnostischen Möglichkeiten gibt es?

AD(H)S-Diagnostik

Die Diagnose wird von einem multiprofessionellen Team erstellt, zumeist in einer Kinder- und Jugendpsychiatrischen Ambulanz.

Neben einer gründlichen Anamnese und diverser medizinischer Untersuchungen gehören folgende Verfahren zu einer gründlichen Diagnostik:

- Intelligenztest (z. B. Hawik IV, CFT)
- Testsysteme zur ADHS-Diagnostik, wie z. B. KIDS
- Konzentrationstests (z. B. d2, FAIR)
- Angsttests (z. B. AFS, KAT II)
- Motivationstests (z. B. SELLMO)
- Verhaltensfragebögen (z. B. Eltern: CBCL 4–18; Lehrer: TRF 5–18, für Schüler ab 11 Jahren: YSR)

3.4 Wie können Lehrer die Eltern von AD(H)S-Schülern beraten?

Strukturvorgaben in Schule und Elternhaus abstimmen

Tauschen Sie sich regelmäßig, möglichst engmaschig mit den Eltern des AD(H)S-Schülers aus und versuchen Sie, gemeinsam Lösungen für auftretende Probleme zu finden. Vermeiden Sie eine Haltung, die von den Eltern als vorwurfsvoll wahrgenommen werden könnte. Wichtig ist, dass Schule und Elternhaus an „einem Strang ziehen" und möglichst ähnliche Strukturvorgaben bezüglich des Lernens geben. Optimal sind „Lernen lernen"-Strategien, die sowohl in der Schule angewandt werden, als auch in Schüler- und Elterntrainings für das Lernen zu Hause vermittelt werden können. Entsprechende Hinweise finden Sie in Kapitel III. Wenn trotz aller gemeinsamen Bemühungen die Situation nicht zu bewältigen ist, empfehlen Sie den Eltern, therapeutische Hilfe zu suchen. Dies kann der schulpsychologische Dienst sein oder ein Kinder- und Jugendpsychiater bzw. -therapeut. Weiterführende Literatur- und Downloadempfehlungen finden Sie auf der Begleit-CD.

3.5 Welche Fördermöglichkeiten gibt es?

Förder-möglichkeiten

Es ist wichtig, AD(H)S-Kinder bei der Bewältigung des Alltags zu unterstützen. Die Strukturierung, Planung und Ausführung von Handlungsvorhaben müssen geübt werden. Dabei helfen Aufmerksamkeitstrainings (z. B. Marburger Konzentrationstraining, Attentioner) und Selbstregulationstrainings (Lernen lernen). Bei psychischen Problemen ist zusätzlich eine Psychotherapie indiziert. Nur nach einer sehr sorgfältigen Diagnostik sollte eine medikamentöse Behandlung mit Ritalin in Erwägung gezogen werden, denn Psychopharmaka haben nicht unerhebliche Nebenwirkungen.

Was nie vergessen werden sollte ist, dass diese Kinder ausgesprochene Stärken haben. Denken Sie doch an die wunderbaren Kindergestalten in den Büchern von Astrid Lindgren und anderen Autoren. Haben Sie Michel aus Lönneberga, Tom Sawyer und Pippi Langstrumpf vor Augen? Überlegen Sie, welche dieser Kinder heutzutage ein ADHS attestiert bekämen ...

Besondere Ressourcen sind ...

Wichtige Ressourcen

- der Sinn für Gerechtigkeit und das sensible Einfühlungsvermögen in Kleinere und Schwächere (ein Grund, warum AD(H)S-Kinder so gute Klassensprecher sind).
- die Fähigkeit, sich stundenlang auf Interessantes konzentrieren zu können (Tunnelblick).
- die außergewöhnliche Kreativität, die Basis für viele unkonventionelle Lösungen ist.
- ein ausgeprägtes Geschick, durch Diskussionen und Verhandlungen das Maximum zu erreichen (ein weiterer Grund, warum AD(H)S-Kinder so gute Klassensprecher sind).
- eine ausgeprägte Tier- und Naturliebe.
- eine interessante und schillernde Persönlichkeit.

AD(H)S hat also nicht nur schlechte und belastende Seiten. Die Kinder haben hervorragende Ressourcen (s. o.). Mit der entsprechenden Unterstützung und einem liebevollen Rückhalt in der Schule und im Elternhaus können diese Kinder ihr Leben sehr erfolgreich meistern.

Literaturempfehlungen

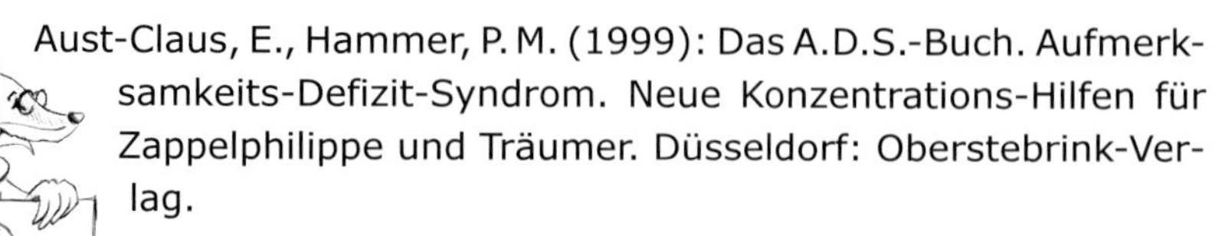

Aust-Claus, E., Hammer, P. M. (1999): Das A.D.S.-Buch. Aufmerksamkeits-Defizit-Syndrom. Neue Konzentrations-Hilfen für Zappelphilippe und Träumer. Düsseldorf: Oberstebrink-Verlag.

Aust-Claus, E., Hammer, P.M. (2003): ADS. Eltern als Coach. Ein praktisches Workbook für Eltern. Wiesbaden: OptiMind media.

Barkley, R. A. (2005): Das große ADHS Handbuch für Eltern (2., erw. u. erg. Aufl.) Bern: Hans Huber.

Born, A. & Oehler, C. (2004): Lernen mit ADS-Kindern. Ein Praxisbuch für Eltern, Lehrer und Therapeuten (3. Aufl.). Stuttgart: Kohlhammer.

Döpfner, M., Fröhlich, J. & Metternich, T. (2007): Ratgeber ADHS: Informationen für Betroffene, Eltern, Lehrer und Erzieher zu Aufmerksamkeitsdefizit-/Hyperaktivitätsstörungen (2. Aufl.). Göttingen: Hogrefe.

Eichlseder, W. (2000): Unkonzentriert? Hilfen für hyperaktive Kinder und ihre Eltern (3. Aufl.). Weinheim: Beltz.

Weitere Literaturhinweise und Internetseiten finden Sie auf der Begleit-CD.

4 Hochbegabung: Hilfe, ich habe ein Genie in der Klasse!

Fallbeispiel Christian

Christian hatte es schon als Baby sehr eilig – er wäre beinahe schon im Auto, auf der Fahrt ins Krankenhaus, zur Welt gekommen. Ziemlich früh schlief er nachts schon durch, genauso früh hielt er aber auch nichts mehr vom Mittagsschlaf. Sowie er krabbeln und sich hochziehen konnte, fand er heraus, wie man die Sperren an Schränken und Schubladen aufmachen konnte. Besonders viel Spaß machte es ihm, die Schränke komplett auszuräumen und alles zu sortieren.

Mit einem Jahr konnte er dann laufen. Danach war gar nichts mehr vor ihm sicher. Mit drei Jahren verblüffte Christian schon mit seiner Sprachgewandtheit. Munter, wie er war, freute sich die Mutter auf die Zeit, wenn er in den Kindergarten musste. Das gefiel ihm aber gar nicht. Es gab jeden Tag Geschrei. Die Erzieherin meinte, dass sich das geben würde. Dem war nicht so. Christian hatte auch so gut wie keine Freunde im Kindergarten. Malen und Basteln machte ihm auch keinen Spaß.

Mit 6 Jahren kam Christian in die Grundschule. Auch dort ging er nur widerwillig hin.

Heute besucht Christian die 6. Klasse eines Gymnasiums. Seine schulischen Leistungen sind befriedigend bis ausreichend, nur in Religion, Mathe und Musik sind seine Leistungen gut. Insgesamt ist er ein sehr stiller und zurückhaltender Schüler, der sich selten aktiv am Unterricht beteiligt und teilweise in Träumerei zu versinken scheint. Von der Grundschule hat er aufgrund seines unstrukturierten, wenig selbstständigen Arbeitsverhaltens keine Empfehlung für das Gymnasium erhalten. In den beiden neu hinzugekommenen Fremdsprachenfächern zeigt sich sehr deutlich, dass er große Schwierigkeiten beim Vokabellernen hat, da ihm regelmäßiges Lernen schwerfällt.

Hochbegabte Kinder/Jugendliche zeigen schon sehr früh in ihrer Entwicklung weit überdurchschnittliche Fähigkeiten und Interessen und unterscheiden sich darin von Gleichaltrigen. In unserer Kultur wird das Augenmerk vor allem auf intellektuelle Fähigkeiten (Sprachen, logisch-mathematisches Denken) gelegt. Für Sie als Lehrer ist es aber wichtig, zu wissen, dass bei hochbegabten Schülern oft auch musikalische, kreative, sportliche oder soziale Fähigkeiten – meistens mehrere dieser Bereiche gleichzeitig – überdurchschnittlich entwickelt sind.

Ist Begabung messbar?

Da stellt sich die Frage: Ist Begabung messbar? Eine Möglichkeit, Intelligenz quantifizierbar zu machen, ist der Intelligenzquotient (IQ). Er wurde Anfang des 20. Jahrhunderts vom deutschen Entwicklungspsychologen William Stern (1871–1938) entwickelt.

Der Intelligenzquotient misst die intellektuelle Leistungsfähigkeit einer Person in einer Leistungssituation und bezieht sich dabei auf den durchschnittlichen Entwicklungsstand von Gleichaltrigen. Normalbegabung betrifft den IQ-Bereich 85 bis 115, Hochbegabung einen IQ von 130 und darüber. In Zahlen ausgedrückt: ca. 2 % jeder Altersstufe sind hochbegabt.

Unterschied von Hochbegabung und Hochleistung

Wichtig ist, in diesem Zusammenhang zwischen Hochbegabung und Hochleistung zu unterscheiden. Bereits 1916 hat William Stern gesagt:

„Begabungen sind immer Möglichkeiten zur Leistung, unumgängliche Vorbedingungen, sie bedeuten jedoch nicht Leistung selbst."

In diesem Zitat werden implizit die Notwendigkeit von Förderung und die Wichtigkeit eines anregenden Lernumfelds angesprochen. Die Möglichkeit zur Leistung kann meist nur von einem gut geförderten Kind/Jugendlichen wahrgenommen werden. Es ist für Sie als Lehrer deshalb wichtig, das Potenzial Ihrer Schüler zu erkennen und nicht nur auf die gezeigten Leistungen zu achten.

4.1 Wann können Lehrer Hochbegabung vermuten?

Woran können Sie Hochbegabung erkennen?

Das Bundesministerium für Bildung und Forschung (2001) hat eine Liste zusammengestellt, in der häufige Verhaltensweisen von hochbegabten Kindern aufgeführt sind:

Lernen und Denken	Arbeitshaltung und Interessen	Soziales Verhalten
• Ungewöhnlicher Wortschatz für ihr Alter	• Können in bestimmten Problemen völlig aufgehen	• Beschäftigen sich viel mit Begriffen wie Recht – Unrecht sowie Gut – Böse
• Sprache ist ausdrucksvoll, ausgearbeitet und flüssig	• Sind bemüht, Aufgaben stets vollständig zu lösen	• Akzeptieren keine Meinung von Autoritäten, ohne sie kritisch zu prüfen
• Durchschauen genau Ursache-Wirkungs-Beziehungen	• Sind bei Routineaufgaben leicht gelangweilt	• Sind bereit, sich gegen Autoritäten zu engagieren
• Suchen nach Gemeinsamkeiten und Unterschieden	• Streben nach Perfektion	• Gehen nicht um jeden Preis mit der Mehrheit
• Erkennen bei schwierigen Aufgaben zugrunde liegende Prinzipien	• Geben sich mit ihrem Arbeitstempo/-ergebnis nicht schnell zufrieden	• Sind individualistisch

Hochbegabung (nach BMBF, 2001)

Arbeitshaltung und soziales Verhalten hochbegabter Kinder

Wichtig ist: Hochbegabte Schüler können die hier genannten Verhaltensweisen zeigen, müssen dies aber durchaus nicht! Ein großer Teil der besonders begabten und hochbegabten Schüler zeichnen sich innerhalb der Schullaufbahn durch eine harmonische und konstante Persönlichkeits- und Leistungsentwicklung aus. Wenn es zu Problemen in der Lehrer-Schüler-Beziehung kommt, betreffen diese häufig den zweiten oder dritten Merkmalsbereich. Routineaufgaben sind Hochbegabten zumeist ein Gräuel – vielleicht kennen auch Sie Schüler, die nur bei herausfordernden Aufgaben „hellwach" und „voll dabei" sind?

Lernprozesse von hochbegabten Kindern begleiten

Hochbegabte Schüler können für Lehrer sehr unbequem sein, da sie dazu neigen, alles zu hinterfragen. Ebenso können Hochbegabte Ihre Autorität als Lehrer anzweifeln, wenn sie zu Themen inhaltlich mehr wissen als Sie. Dieser Herausforderung können Sie durch ein erweitertes Rollenverständnis als Lehrer entgegentreten, wenn Sie sich nicht als reinen Wissensvermittler, sondern als einen Begleiter von Lernprozessen sehen.

Wichtige Problembereiche

Sie fragen sich vielleicht, warum in diesem Buch Hochbegabung im Kontext von Lern- und Erziehungsschwierigkeiten genannt wird. Wittmann und Holling, Forscher der Universität Münster, haben herausgefunden, dass es auch bei Hochbegabten Problembereiche geben kann, und unterscheiden dabei drei Kategorien: Anforderung & Leistung, Zwischenmenschliches und Innerpsychisches.

Anforderung und Leistung	Zwischenmenschliches	Innerpsychisches
• Underachievement	• Isolation	• AD(H)S
• Lese-Rechtschreib-Schwierigkeiten	• Schulisches Mobbing	• Ängstlichkeit
• Schulische Unterforderung	• Aggressivität	• Psychosomatische Beschwerden
• Mangelnde Arbeits- und Lernstrategien	• Familiäre Konflikte	• Depression
• Perfektionismus	• Schulische Beziehungsschwierigkeiten	• Suizidalität

Problembereiche der Hochbegabung (nach Wittmann & Holling, 2001)

Anforderung und Leistung

Underachiever

Als Underachiever werden Schüler bezeichnet, deren schulische Leistungen deutlich hinter den Leistungen zurückbleiben, die man aufgrund ihrer Intelligenz erwarten könnte. Vergessen Sie deshalb nie: Auch bei vermeintlich leistungsschwachen Schülern gibt es vielleicht ein großes Potenzial! Eine Checkliste zu Auffälligkeiten bei Underachievement, die

Sie in Elterngesprächen nutzen können, finden Sie auf der Begleit-CD. Diese kann Ihnen dabei helfen, mit den Eltern ins Gespräch zu kommen, gemeinsam nach Lösungen zu suchen und eventuell eine Diagnostik einzuleiten. Wichtig: Beachten Sie die Hinweise zur Anwendung der Checkliste auf Seite 57. Alle Checklisten sind nur Orientierungshilfen!

Leistungsmotivation fördern

Wenn es auf den ersten Blick auch befremdlich wirken mag, selbst hochbegabte Kinder können Probleme im Lesen und Schreiben haben, manche haben sogar eine Legasthenie. Auf Routineaufgaben wurde bereits zuvor eingegangen, wichtig ist jedoch der Zusammenhang mit der Leistungsmotivation. Fordern Sie also Ihre hochbegabten Schüler z. B. durch Knobelaufgaben heraus!

Lernstrategien einüben

Ein weiterer Problembereich können Lern- und Arbeitstechniken sein. Hochbegabte Kinder benötigen hier spezielle Unterstützung, da sie häufig eine lange Zeit durch die Schule kommen, ohne überhaupt lernen zu müssen. Wenn das Lernen dann aber zum Thema wird (Abitur, Studium), können hochbegabte Schüler nicht zuletzt im Hinblick auf ein selbstständiges Lernen und Arbeiten ziemlich hilflos sein. Hier sind Konflikte mit dem Perfektionsdrang hochbegabter Schüler vorprogrammiert, denn sie versuchen zunächst, Dinge besonders gut zu machen. Wenn ihnen dies aber nicht sofort gelingt, führt das schnell dazu, dass sie ein Vermeidungsverhalten nach dem Motto „ganz oder gar nicht" zeigen. Hier sind also ebenfalls Lernen-lernen-Trainings wichtig. Entsprechende Anregungen finden Sie im Kapitel III. Die Erfahrung hat gezeigt, dass eine Kombination von hochbegabten und AD(H)S-Schülern sinnvoll sein kann. Die hyperaktiven Schüler lernen von den hochbegabten, sich zu strukturieren, umgekehrt können die hochbegabten Schüler als Tutoren eingesetzt werden und lernen so, auf das Lerntempo anderer Schüler Rücksicht zu nehmen.

Zwischenmenschliches

Sozialer Isolation vorbeugen

Hochbegabte Kinder fühlen sich – und sind es häufig auch – in ihrer Altersgruppe sozial isoliert, da sie sich für ganz andere Dinge interessieren als die meisten Gleichaltrigen. Es ist daher wichtig, dass besonders begabte Kinder/Jugendliche in speziellen Fördermaßnahmen die Erfahrung machen können, dass es andere Kinder/Jugendliche gibt, die sich für ähnliche Dinge interessieren und die ähnliche Fähigkeiten zeigen wie sie. Denn nicht selten werden besonders begabte Kinder/Jugendliche aufgrund ihres „Andersseins" von den Mitschülern ausgegrenzt. Hier ist es wichtig, mit Sozialen-Kompetenz-Trainings den Klassenzusammenhalt zu stärken und Mobbing vorzubeugen.

Oft sind es die hochbegabten Jungs, die in der Schule als sozial schwierig auffallen. Konflikte in der Schule können unter anderem aufgrund oben genannter Autoritätsproblematik auftreten und sind Anzeichen einer mangelnden Passung der kindlichen Bedürfnisse und der Reaktionen seitens der Umwelt. Hier können Gespräche zwischen Schüler, Eltern und Lehrer weiterhelfen.

Innerpsychisches

Mögliche psychische Belastungen

Hochbegabte Mädchen verhalten sich häufig sozial angepasst und verlagern deshalb ihre Probleme in den innerpsychischen Bereich. Typische Symptome sind Ängstlichkeit, psychosomatische Beschwerden (Kopf- oder Bauchschmerzen), Magersucht oder sogar Depressionen und Suizidalität (eine mögliche Folge, wenn Kinder/Jugendliche sich über einen langen Zeitraum unverstanden fühlen). Es ist wichtig, diese Symptome ernst zu nehmen und möglichst frühzeitig therapeutisch zu intervenieren.

AD(H)S ist kein Zeichen für Hochbegabung, allerdings können Hochbegabte AD(H)S haben; Hyperaktivität tritt bei besonders Begabten genauso oft wie bei normal Begabten auf.

4.2 Welche diagnostischen Möglichkeiten gibt es?

Hoch-begabungs-diagnostik

Checklisten sind problematisch. Es stellt sich nämlich die Frage, wie viele der genannten Merkmale erfüllt sein müssen, damit man von einem besonders begabten Kind/Jugendlichen sprechen kann – drei, sieben oder alle? Daher gilt für Checklisten folgende Regel: Sie dienen als Screening, d.h. sie bieten die Möglichkeit eines ersten Überblicks und können so behilflich sein, miteinander ins Gespräch zu kommen. Sie ersetzen jedoch auf gar keinen Fall die gründliche Diagnostik durch einen Fachmann (Psychologe, Kinder- und Jugendlichen-Psychotherapeut, speziell ausgebildete Lehrkräfte). Es gibt derzeit keine Alternative zum standardisierten Intelligenztest.

Wann sollte eine Diagnostik erfolgen?

Allerdings ist nicht bei allen Kindern ein IQ-Test wirklich erforderlich. Eine Testung sollte nur dann in Betracht kommen, wenn ihr eine bestimmte Fragestellung zugrunde liegt, z.B. ob Lernschwierigkeiten oder Verhaltensauffälligkeiten eines Kindes mit Unterforderung zusammenhängen könnten. Wenn es in Schule und Familie zu Konflikten kommt, kann eine Intelligenzdiagnostik sehr erleichternd wirken. Wichtig ist jedoch: Intelligenztestungen dienen dazu, Probleme zu lösen – deshalb wäre es falsch, sie aus purem Interesse durchzuführen. Es sollte immer gelten: „Wo kein Problem, da auch kein Test!"

4.3 Wie können Lehrer die Eltern von hochbegabten Kindern beraten?

Auf die Eltern eingehen

Wenn Eltern mit Ihnen das Gespräch suchen, weil sie denken, ihr Kind sei hochbegabt, nehmen Sie die Eltern bitte ernst. Gehen Sie auf das Gesprächsbedürfnis ein und zeigen Sie Möglichkeiten der Diagnostik auf. Im eigenen Umfeld werden diese Eltern bereits mit Vorurteilen und Unwissen konfrontiert, z. B.

- die Hochbegabung des Kindes sei eine Einbildung der Eltern,
- die Eltern sprächen von Hochbegabung, um sich selbst aufzuwerten,
- die Kinder verlören ihre Kindheit, weil sie nur noch von einem Kurs zum nächsten hetzen,
- dass ehrgeizige Eltern ihre Kinder auf Hochbegabung „trainieren" würden,
- dass besonders begabten Menschen alles in den Schoß falle und sie deshalb keine zusätzliche Förderung bräuchten.

Hochbegabung – Last oder Freude?

Mit einem hochbegabten Menschen zusammenzuleben, kann sehr anstrengend sein. Hochbegabte geben sich mit einfachen Antworten nicht zufrieden, ihr Wissensdurst scheint nie zu erlöschen, viele schlafen nur sehr wenig, hinterfragen alles, sind sehr früh autonom und gehen nur ungern Kompromisse ein.

Wenn Sie als Lehrer denken, ein Schüler könnte hochbegabt sein, gehen Sie behutsam damit um. Sprechen Sie im Elterngespräch vorsichtig eine Diagnostik an, denn ist die Hochbegabung erst einmal festgestellt, geht es für viele Eltern um die Frage: Macht mich die Hochbegabung meines Kindes stolz oder ist sie eine schwere Last? Ein Hin- und Hergerissensein zwischen diesen beiden Gefühlen kommt bei Eltern hochbegabter Kinder/Jugendlicher häufig vor. Auf der Begleit-CD finden Sie einen Reflexionsbogen für Eltern, den Sie in Elterngesprächen einsetzen können. Dieser kann Ihnen dabei helfen, mit den Eltern ins Gespräch zu kommen, gemeinsam nach Lösungen zu suchen und eventuell eine Diagnostik einzuleiten. Wichtig: Beachten Sie für den Reflexionsbogen die Hinweise zur Anwendung der Checklisten auf Seite 57. Auch der Reflexionsbogen ist nur eine Orientierungshilfe!

Unterforderungen entgegenwirken

Wenn die schulische und emotionale Entwicklung harmonisch verläuft, sind keine besonderen Maßnahmen erforderlich. Es kann jedoch vorkommen, dass Kinder oder Jugendliche im Unterricht unterfordert sind, sich sozial isoliert fühlen und unter dieser Situation leiden. Das kann sich negativ auf die Motivation und Leistungsbereitschaft auswirken. Auch könnten daraus möglicherweise Störungen im sozial-emotionalen oder körperlichen Bereich resultieren. Deshalb ist es in solchen Fällen angezeigt, dass Eltern und Lehrer mit dem Kind gemeinsam nach geeigneten Fördermöglichkeiten in Schule und Freizeit suchen.

4.4 Welche Fördermöglichkeiten gibt es für Hochbegabte?

Fördermöglichkeiten bei Hochbegabung

Es gibt innerschulische und außerschulische Fördermöglichkeiten. Die innerschulischen betreffen die Bereiche Binnendifferenzierung, Akzeleration (beschleunigte Schullaufbahn) und Enrichement (Anreicherung des Lernstoffes). Einige Schulen haben im Zuge des Bologna-Prozesses und der PISA-Studien bereits ein Hochbegabtenförderprogramm in ihr Schulkonzept integriert.

Die außerschulischen Fördermaßnahmen betreffen Empfehlungen, wie Eltern und Kinder/Jugendliche mit Langeweile und besonderer Begabung umgehen können, welche Freizeitaktivitäten sinnvoll sind, welche Beratungsangebote Eltern nutzen können und welche privaten Förderinstitute hilfreich sein können. Ein Informationsblatt zu innerschulischen und außerschulischen Förderungsmöglichkeiten von hochbegabten Kindern finden Sie auf der Begleit-CD.

Literaturempfehlungen

Horsch, H., Müller, G. & Spicher, H.-J. (2006): Hoch begabt – und trotzdem glücklich. Düsseldorf: Oberstebrink.

Jost, M. (2003): Hochbegabte erkennen und begleiten. Ein Ratgeber für Schule und Elternhaus. Wiesbaden: Universum.

Mönks, F. J. & Ypenburg, I. H. (1998): Unser Kind ist hochbegabt. Ein Leitfaden für Eltern und Lehrer. München: Ernst Reinhardt. (Band 14 der Reihe „Kinder sind Kinder").

Webb, J. T., Meckstroth, E. A. und Tolan, S. S. (1997): Hochbegabte Kinder – Ihre Eltern, ihre Lehrer. Bern: Hans Huber.

Weitere Literaturhinweise und Internetseiten finden Sie auf der Begleit-CD.

V Erziehungsberatung

Fallbeispiel Kevin

Kevin ist 11 Jahre alt und geht seit einem halben Jahr in die 5. Klasse eines Gymnasiums. Er ist in seiner Klasse gut eingebunden und hat relativ schnell viele Freunde gefunden. Seit einiger Zeit gibt es massive Schwierigkeiten bei den Hausaufgaben. Kevin ist ziemlich ehrgeizig und will selbst immer gute Noten haben, das war schon in der Grundschule der Fall. Dort führte dies aber zu keinen Problemen, da er immer gute Noten bekam und oft für seine Hausaufgaben gelobt wurde. Seit er auf das Gymnasium geht, hat er schon ein paar Mal seine Hausaufgaben vorlesen müssen, und drei Mal waren diese nicht ganz korrekt, was ihm auch rückgemeldet wurde. Seit einiger Zeit bekommt Kevin regelmäßig Wutattacken, wenn er seine Hausaufgaben machen soll. Er schimpft dann und schreit herum, er ist kaum noch zu beruhigen. Er weigert sich, seine Hausaufgaben zu machen. Kevins Mutter ist hilflos und weiß nicht, was sie machen soll.

1 Wozu Erziehungsberatung in der Schule?

Erziehungsfragen sind ein Thema

Bei Elterngesprächen an der Schule werden immer wieder Fragen der Erziehung bzw. der Unterstützung des Elternhauses thematisiert. Natürlich geht es im Rahmen eines Elterngesprächs in der Schule vorwiegend um das schulische Weiterkommen der Schüler. Da aber auch der häusliche Bereich großen Einfluss auf den Erfolg in der Schule haben kann, ist es sinnvoll, im Gespräch auch diese Themen nicht außen vor zu lassen. Bei größeren Problemen sollte jedoch immer eine Erziehungsberatungsstelle, ein Familientherapeut oder ein Schulpsychologe hinzugezogen werden.

Viele Eltern fühlen sich bei Erziehungsaufgaben unsicher – und das öfter als man denkt. Die Besonderheit der Erziehungsberatung in der Schule liegt sicherlich darin, dass oft Leistungs- und Verhaltensprobleme im Vordergrund der Sorge der Eltern und Lehrer stehen. Und bevor eine offizielle Beratungsstelle aufgesucht wird, sind Sie als Lehrer häufig der erste Ansprechpartner. Es kann natürlich auch sein, dass Erziehungsberatungsfragen während eines Gesprächs aufkommen, das wegen Leistungsrückmeldungen begonnen wurde.

Kooperation mit Beratungsstellen

Wichtig ist: Probleme von Kindern und Jugendlichen sind meist Ausdruck einer Beeinträchtigung, welche die Kinder und Jugendlichen nicht mehr alleine bewältigen können. Häufig bestehen die Konfliktbereiche in einer Familie schon länger und es haben sich viele ungünstige Verhaltensangewohnheiten entwickelt, bevor Hilfe oder Rat in Anspruch genommen wird. Daher kann eine einmalige Beratung natürlich nur erste Weichen stellen, um sich aus einem eingeschliffenen Kreislauf herauszubewegen. Bei schwerwiegenden Erziehungsproblemen ist es wichtig, dass Sie die Eltern an spezialisierte Beratungsstellen weiterverweisen. Die Homepage der Bundeskonferenz für Erziehungsberatung (http://www.bke.de/) bietet zum Bespiel eine Suchfunktion, mit der Sie die Erziehungsberatungsstellen in Ihrer Umgebung schnell und einfach finden.

In diesem Kapitel möchten wir Ihnen nun praktische Tipps und Hilfestellungen für verschiedene Erziehungsfragen an die Hand geben, die Sie mit Eltern und Schülern zusammen besprechen können. Auf folgende Themen der Erziehungsberatung wird in diesem Kapitel dabei der Fokus gelegt:

Wertschätzung der Aufgaben eines Schülers

- Strukturierung des Alltags
- Lob und Tadel (nicht jedes Lob ist ein gutes Lob)
- Belohnen und Bestrafen (Verstärkerpläne)
- Ursachenzuschreibung
- Stärken sehen und fördern
- Was tun bei Kämpfen in der Hausaufgabensituation?
- Überzeugen von kritischen bzw. entmutigten Eltern

2 Systematische Herangehensweisen in der Erziehungsberatung

2.1 Mit dem SORK-Schema Ansatzpunkte finden

Gesprächsleitfaden zur Problemanalyse

Eltern werden Ihnen im Rahmen des Beratungsgesprächs die Schwierigkeiten, die im vermuteten Zusammenhang mit den schulischen Leistungen des Schülers stehen, nicht immer klar und strukturiert erzählen. Mithilfe eines Rahmenmodells, das wir Ihnen nun vorstellen möchten, können Sie das Gesagte selbst strukturieren, in einen Zusammenhang bringen und gegebenenfalls auch noch gezielte Fragen zur besseren Analyse der Schwierigkeiten stellen. Dieses zentrale Modell der Erziehungsberatung wird SORK-Schema genannt, stammt von Kanfer und kommt aus dem Bereich der Verhaltensanalyse. Es kann Ihnen helfen, eine genaue Analyse schwierigen Verhaltens durchzuführen.

Um im Beratungsgespräch gemeinsam mit den Eltern und eventuell auch dem Schüler Aufschluss über die Ursachen von Schwierigkeiten zu bekommen, sollte herausgearbeitet werden, was genau das Problem ist, in welchen Situationen es auftritt und was dazu führt, dass das Problem weiter bestehen bleibt.

Was ist nun das SORK-Schema?

Das SORK-Schema

SORK steht für **Situation** – **Organismus** – **Reaktion** – und **Konsequenzen**. Es geht darum, herauszufinden, in welchen Situationen ein bestimmtes Verhalten (z. B. dienstagabends nicht zum Sportkurs gehen, obwohl man es sich vornimmt) auftritt, welche Eigenschaften der Person (z. B. Gemütlichkeit, mehr Interesse an anderen Dingen) in die Situation (z. B. bestimmter Sportkurs) mit einwirken, welche Verhaltensreaktionen (z. B. nicht hingehen) gezeigt werden und welche Konsequenzen (z. B. schlechtes Gewissen, Gewichtszunahmen etc.) daraus folgen.

Folgende Fragen liegen der Verhaltensanalyse zugrunde und können Ihnen als Hilfestellung dienen, um die wichtigsten Informationen zu erhalten:

Reaktion	⇒ Welches Verhalten soll erklärt werden?
Situation	⇒ In welchen Situationen tritt das Verhalten auf?
Organismus	⇒ Welche inneren Verarbeitungsprozesse gehen dem beschriebenen Verhalten voraus? (Gedanken, Gefühle, biologische Grundlagen)
Konsequenzen	⇒ Zu welchen Effekten bzw. Konsequenzen führt das analysierte Verhalten?

Die Verhaltensanalyse fängt immer bei R – also der Reaktion – an, d. h. es wird als Erstes das Problemverhalten beschrieben. Erst dann wird analysiert, in welchen Situationen das Verhalten auftritt, welche Organismusvariablen (d. h. Persönlichkeitseigenschaften oder biologische Komponenten) eine Rolle spielen und welche Konsequenzen aus dem Verhalten folgen.

Das folgende Beispiel soll die Anwendung des SORK-Schemas noch einmal an einem schulischen Problemverhalten erläuten.

Wenn Sie sich jetzt das Fallbeispiel Kevin vom Anfang dieses Kapitels in Erinnerung rufen, dann könnte eine mögliche **Analyse des Verhaltens** von Kevin folgendermaßen aussehen:

(R) Reaktion: Wutanfall (schimpfen, schreien).

(S) Situation: Erledigung der Hausaufgaben.

Eine wichtige Frage ist hier, ob Kevin das Verhalten auch in anderen Situationen zeigt oder nur in der Hausaufgabensituation. Meist beschreiben Eltern erst einmal die schwierigste Situation. Wichtig für Sie ist daher, nachzufragen, ob das Problemverhalten auch in anderen Situationen auftritt. Vielleicht reagiert er z. B. generell auf Anforderungssituationen mit Wutanfällen.

(O) Organismus: Wenig Selbstbewusstsein, hoher Leistungsanspruch, denkt „Ich schaffe das nicht", impulsive Tendenzen, leicht erregbar.

(K) Konsequenzen: Es gibt kurz- und langfristige Konsequenzen für ein Verhalten.

Kurzfristige Konsequenzen:

- Durch sein Verhalten muss Kevin die Hausaufgaben nicht erledigen, er entzieht sich der schwierigen Situation.
  ⇒ **positiv**
- Kevin bekommt Zuwendung von seiner Mutter.
  ⇒ **positiv**

Langfristige Konsequenzen:

- Er bekommt Ärger in der Schule.
  ⇒ **negativ**
- Er lernt durch sein Verhalten nicht so viel und sein Selbstbewusstsein sinkt weiter ab.
  ⇒ **negativ**
- Er wird nicht feststellen, dass er es doch meistens gut hinbekommt (Anforderungssituationen meistern).
  ⇒ **negativ**
- Er kann seine sehr hohen Leistungsansprüche an sich selbst nicht revidieren bzw. feststellen, dass er nicht schlecht ist – auch wenn er mal etwas falsch gemacht hat.
  ⇒ **negativ**

Sollte Kevin das Verhalten auch in anderen Situationen zeigen, die vielleicht keine Anforderung beinhalten, müssen andere Schritte eingeleitet werden, als wenn er nur in der beschriebenen Hausaufgabensituation die Verhaltensweisen Schimpfen und Schreien zeigt.

Sachliche Ursachenforschung

Der Einsatz des SORK-Schemas bedarf ein wenig Übung, aber es lohnt sich. Sie erhalten auf diesem Wege ein viel genaueres und klareres Bild von dem Problemverhalten des Kindes/des Jugendlichen und den Umständen, in denen es gezeigt wird.

Wichtig ist, zu beachten, dass das erlernte problematische Verhalten immer auch eine Funktion, d. h. einen Nutzen hatte oder immer noch hat (siehe auch Abschnitt „Ressourcenorientierung" in Kapitel II). Für Sie ist es also auch bedeutsam, zu betrachten, inwiefern das Verhalten vollkommen zweckmäßig und nützlich für das Kind ist. Welche Schutzfunktion erfüllt es eventuell? Wichtig ist dabei eben auch, nach Situationen zu fragen, in denen das Verhalten nicht auftritt und was diese Situationen so anders macht.

2.2 Verstärker- (bzw. Belohnungs-) Modell

Ein Modell der Lerntheorie

Als nächste wichtige Grundlage für die Beratungssituation im Elterngespräch möchten wir Ihnen ein Modell aus der Lerntheorie vorstellen, welches das Erlernen und das Aufrechterhalten von Verhalten erklärt: das operante Lernen. Es kann als Grundlage für eine Lösungs- und Ressourcenorientierung in einer Beratung dienen. Es zeigt, wie wir Verhalten „lernen", und auch, wie wir wieder „umlernen" können. Der Fokus soll dabei im Sinne der Ressourcenorientierung auf das positive, gewünschte Verhalten gelegt werden. Den Unterkapiteln *Lob und Tadel (nicht jedes Lob ist ein gutes Lob)* und *Belohnen und Bestrafen (Verstärkerpläne)* wird dieses Modell zugrunde gelegt.

Die folgende Tabelle zeigt die vier verschiedenen Möglichkeiten des operanten Lernens, d. h. wie man durch das Zeigen oder das Wegnehmen von Konsequenzen (Verstärkern) Verhalten beeinflusst. Man nennt diese Art des Lernens auch „Lernen am Erfolg". Das operante Lernen ist zentral in der Erziehung von Kindern und Jugendlichen, da es dazu beiträgt, gewünschtes Verhalten zu stärken oder aufzubauen und unerwünschtes Verhalten abzubauen.

Grundprinzipien von Belohnen und Bestrafen

	Positiver Verstärker	Negativer Verstärker
Konsequenzen aufzeigen	1. Belohnung (Verhalten wird aufgebaut)	2. Direkte Bestrafung (Verhalten wird abgebaut)
Konsequenzen wegnehmen	3. Entzug von Verstärkern (Abbau von Verhalten)	4. Negative Verstärkung (Aufbau von Verhaltensweisen)

Um Ihnen die Prinzipien der vier verschiedenen operanten Lernmethoden und deren Bedeutung und Anwendung in der Erziehungsberatung zu verdeutlichen, nehmen wir wieder auf das Beispiel „Kevin" Bezug.

Belohnung

Erwünschtes Verhalten aufbauen durch „Belohnungen"

Belohung, auch positive Verstärkung genannt, ist die wichtigste der hier beschriebenen Methoden. Der Fokus liegt auf dem Aufbau von alternativem, positivem Verhalten.

Für das Beispiel von Kevin wäre dies z. B. der Fall, wenn dieser „belohnt" wird, wenn er es schafft, sich an die Hausaufgaben zu setzen und anzufangen, ohne einen Wutanfall zu bekommen. Mit Belohnung sind dabei nicht unbedingt materielle Belohnungen gemeint, sondern z. B. auch gemeinsame Aktivitäten mit dem Kind/Jugendlichen.

Punkte- oder Verstärkerpläne sind eine bewährte Methode der Verhaltenstherapie: Zeigt das Kind/der Jugendliche eine zuvor gemeinsam vereinbarte Verhaltensweise, erhält es einen Punkt, den es/er auf einem Plan eintragen oder einkleben kann. Eine festgelegte Zahl von Punkten kann dann schließlich gegen eine zuvor ebenfalls gemeinsam vereinbarte Belohnung eingetauscht werden.

In dem Unterkapitel *Belohnen und Bestrafen (Verstärkerpläne)* werden wir Ihnen verschiedene Verstärkerpläne und auch deren Einsatz genauer vorstellen. An dieser Stelle sei aber schon einmal darauf hingewiesen, dass es bei den Punkte- und Verstärkerplänen nicht alleine darum geht, das Kind/den Jugendlichen zu „dressieren", sondern es/ihn darin zu unterstützen, günstige Verhaltensweisen aufzubauen. Eine wertschätzende Beziehung sowie Lob und Unterstützung von den Eltern sind zentrale Grundlagen, damit solche Maßnahmen funktionieren.

Direkte Bestrafung und Entzug von Verstärkern

Unerwünschtes Verhalten abbauen

Bei der direkten Bestrafung folgt auf das unerwünschte Verhalten eine negative Konsequenz. Die Eltern von Kevin könnten ihm z. B. Hausarrest geben, wenn er seine Hausaufgaben nicht macht. Im Gegensatz zu der 3. Möglichkeit, „Entzug von Verstärkern", kommt bei der Bestrafung eine neue negative Konsequenz hinzu. Beim Verstärkerentzug wird eine vorhandene positive Konsequenz weggenommen. Ein Verstärkerentzug wäre z. B., wenn Kevin nach der Erledigung der Hausaufgaben eigentlich zu seinen Freunden spielen gehen dürfte, er dies aber dann nicht darf, wenn er die Hausaufgaben nicht gemacht hat.

Die direkte Bestrafung zeigt oft durchaus kurzfristigen Erfolg, allerdings selten langfristige Wirkung, da das Kind dadurch auch kein neues, „besseres" Verhalten lernt. Außerdem führen die negativen Konsequenzen oft zu Frustration und einem angespannten Verhältnis zwischen Eltern und Kind.

Den Verstärkerentzug dagegen kann man – wenn auch durchaus sparsam – insbesondere in Kombination mit positiver Verstärkung einsetzen. Wichtig ist, solche Punkte in Ruhe mit dem Kind/Jugendlichen abzusprechen und nicht erst in der Situation, wenn z. B. Kevin schon dabei ist, zu protestieren und zu schreien, drohend einzuführen. Verstärkerentzüge müssen, genauso wie positive Verstärkungen, gemeinsam mit dem Kind/Jugendlichen erarbeitet und vorbesprochen werden. Empfehlenswert ist zunächst der alleinige Einsatz von positiver Verstärkung und erst, wenn das alleine nicht ausreicht, der zusätzliche Einsatz von Verstärkerentzug.

Negative Verstärkung

Warum bleibt unerwünschtes Verhalten bestehen?

Das Wort negative Verstärkung ist etwas irreführend, da es hier nicht darum geht, dass etwas Negatives dazukommt. Es geht darum, dass durch die Vermeidung von Negativem das „ungünstige" Verhalten weiter fortbesteht.

Ein Beispiel für negative Verstärkung wäre eine Person, die Angst vor Hunden hat (Angst, von einem Hund gebissen zu werden) und immer die Straßenseite wechselt, wenn ihr ein Hund entgegenkommt. Dadurch wird sie nie die Erfahrung machen, dass sie nicht gebissen wird, auch wenn sie auf derselben Straßenseite bleibt. Die negative Verstärkung erklärt also, wie Verhalten weiter aufrechterhalten wird, wenn anderes, günstigeres Verhalten vermieden wird.

In Kevins Fall bleibt das Verhalten „Hausaufgaben nicht machen" dadurch weiter bestehen, dass er nicht die Erfahrung macht, dass er sie erledigen kann. Durch Vermeidung bleiben die angstbehafteten Gedanken

(„Wenn ich die Hausaufgaben mache, dann sind die falsch.") und auch die negativen Gefühle weiter bestehen.

Für Sie ist diese 4. Methode des operanten Lernens (der Aufbau von Verhaltensweisen) wichtig, um zu verstehen und nachvollziehen zu können, warum Kinder und Jugendliche ihr Verhalten nicht so schnell verändern und warum dies häufig so schwierig ist. Meist spielen Ängste eine Rolle oder auch ein in früheren Situationen erworbenes Verhalten, welches damals „funktional" war und dann weiter fortgesetzt wird, um etwas Unangenehmes zu vermeiden.

3 Konkrete Ansatzpunkte der Erziehungsberatung

Nachdem wir Ihnen in den beiden vorangegangenen Abschnitten zunächst sehr grundlegende Modelle der Verhaltenstheorie vorgestellt haben, wollen wir jetzt den Fokus auf die daraus abgeleiteten und sehr wichtigen und konkreten Strategien und Tipps in der Erziehungsberatung legen. Wir haben Ihnen verschiedene Ideen und Materialien zusammengestellt und deren Einsatz beschrieben, auf die Sie in Elterngesprächen zurückgreifen können.

3.1 Lob und Tadel (nicht jedes Lob ist ein gutes Lob)

Ein gezieltes gutes Lob kann Wunder wirken!

Lob ist eine sehr wichtige Unterstützungsmaßnahme, wenn es darum geht, Selbstbewusstsein und Selbstwertgefühl eines Kindes/eines Jugendlichen aufzubauen. Es hilft, gewünschtes Verhalten zu verstärken und zu unterstützen. Hat das Kind sich so verhalten, dass es Lob verdient, sollte dieses Lob auch unbedingt gegeben werden. Auch in Bezug auf das Zielverhalten in Verstärkerplänen, die wir später vorstellen, ist es wichtig, Lob einzusetzen.

Dabei müssen nicht ständig große Lobeshymnen gesungen werden. Ein kurzes „Gut gemacht!" zwischendurch und mehrmals am Tag bringt viel mehr. Wichtig ist, dass man dabei immer ehrlich bleibt.

Eltern verlieren in schwierigen Phasen häufig den Blick für das Positive und sehen nur noch die negativen Seiten ihres Kindes. Im Sinne der Stärkung der Ressourcen des Kindes ist es aber ganz wichtig, dass dieses auch positive Rückmeldung von den Eltern bekommt und nicht nur negative. Mit positiven Rückmeldungen wird aber oft sehr sparsam umgegangen. Gerade in schwierigen Eltern-Kind-Beziehungen entwickelt sich oft eine negative Kommunikation, in der Lob eher selten, Kritik dafür umso häufiger vorkommt.

Wenn wir uns auf das oben genannte Beispiel mit Kevin beziehen, könnten die im Folgenden angeführten Beispiele mögliche negative Äußerungen eines Elternteils sein:

- *„Ich hab dir schon so oft gesagt, dass du deine Hausaufgaben machen musst. Das ganze Theater bringt da auch nichts."*
- *„Jetzt hör endlich auf, so rumzuschreien. Ich hab darauf keine Lust mehr."*

Diese negative Kommunikation sorgt in der Regel nicht für eine Verbesserung der Situation, sondern eher für das Gegenteil. Das Selbstbewusstsein des Kindes/Jugendlichen sinkt weiter.

Den Blick für das Positive nicht verlieren

Ein zentraler Aspekt in der Erziehungsberatung ist es daher, Eltern darin zu unterstützen und zu fördern, wieder vermehrt auch die positiven Seiten und die Stärken ihres Kindes wahrzunehmen und dem Kind/Jugendlichen dies auch rückzumelden.

Manchen Eltern fällt es sehr leicht, positive Aspekte zu benennen. Anderen fällt hier manchmal wenig ein, besonders wenn das Kind/der Jugendliche mehrere problematische Verhaltensweisen zeigt.

Fragen, die Sie Eltern in diesem Zusammenhang stellen können, sind:

- Wo sehen Sie die Stärken Ihres Kindes?
- Was kann Ihr Kind denn gut (nennen Sie mindestens 3 Dinge)?
- Wofür lieben Sie Ihr Kind am meisten?

Sollten Sie in Beratungsgesprächen das Gefühl haben, dass bedingt durch viele kleine oder große Schwierigkeiten zu Hause die Kommunikation zwischen Eltern und Kind besonders durch Aufforderungen und Kritik geprägt ist, dann könnte einer der ersten Schritte zu einer Lösung sein, das positive Verhalten des Kindes in den Fokus zu rücken. Dies stärkt sein Selbstbewusstsein und beeinflusst sein Verhalten positiv. Sprechen Sie das Thema Lob an und besprechen Sie mit den Eltern seine Bedeutung und Funktion.

Lob ist gerade dann besonders wichtig, wenn das Kind/der Jugendliche das, was es/er oft falsch macht, richtig macht. Erklären Sie den Eltern, dass es sehr wichtig ist, das Kind/den Jugendlichen genau in diesen Momenten auch dafür zu loben.

Durch Lob kann sich nicht alles auf einmal verbessern, aber es ist oft ein erster und sehr wichtiger Schritt in die richtige Richtung.

Beim Loben gibt es allerdings wichtige Punkte, die es zu beachten gilt und die Sie mit den Eltern zusammen besprechen sollten. Diese Punkte finden Sie in der folgenden Tabelle und auf der Begleit-CD.

Lobhinweise für Eltern	
Was muss beachtet werden:	**Was sollten Sie vermeiden:**
• Das Kind beim Loben direkt ansehen. • Genau sagen, was gut war. • Nicht nur das Resultat, auch die Anstrengung des Kindes/des Jugendlichen loben. • Begeisterung zeigen für das, was das Kind/der Jugendliche geleistet hat. • Das Lob durch nonverbale Gesten unterstreichen. • Authentisch sein beim Loben (nur ernst gemeintes Lob aussprechen).	• Das Kind beim Loben nicht mit anderen vergleichen. • Kein „aber" in ein Lob einbauen. • Nicht ironisch oder sarkastisch sein. • Dinge, die selbstverständlich sind, müssen nicht ständig gelobt werden. • Nicht für eine sehr einfache Handlung loben.

3.2 Wertschätzung der Aufgaben eines Schülers

Durch Loben erfolgt eine Wertschätzung im positivsten Sinne. Dennoch möchten wir an dieser Stelle das Thema Wertschätzung als besonderen Punkt hervorheben. Es soll hier dem Rechnung getragen werden, dass Schüler zum Teil sehr vielfältige Aufgaben zu meistern haben (Hausaufgaben, Klassenarbeiten, AGs, Sportaktivitäten, Instrumente erlernen etc.), die durchaus viel ihrer Zeit in Anspruch nehmen. Es gibt Eltern, die großen Druck auf ihre Kinder ausüben und in Bezug auf ihre Leistungen extrem hohe Erwartungen an sie stellen. Hierdurch können sich zu Hause viele Schwierigkeiten und Streitpunkte ergeben.

Aufgabe des Lehrers ist nicht nur die Fehlersuche!

Wenn Sie als Lehrer das Gefühl haben, dass Schwierigkeiten in der Schule und zu Hause dadurch entstehen, dass Eltern zu hohe Erwartungen an die Leistungen ihrer Kinder stellen, gilt es hier, „Partei für den Schüler" zu ergreifen und Eltern gegebenenfalls auf die vielen positiven Fähigkeiten und selbstständigen/kreativen Leistungen ihres Kindes hinzuweisen.

Wichtig ist, dass Sie zusammen mit den Eltern Lösungen erarbeiten und festlegen, die die Selbstständigkeit der Schüler unterstützen, die Kontrolle der Eltern minimieren und somit die Eigenverantwortlichkeit des Schülers stärken. Erarbeiten Sie mit den Eltern ihre Rolle: Ermutigen Sie die Eltern, Unterstützer im Lernprozess zu sein, das Kind/den Jugendlichen direkt zu fragen, wo es sich Unterstützung wünscht und an welchen Stellen es gerne alleine arbeiten möchte. Wichtig ist es auch, die Eltern dazu zu ermuntern, hinter ihrem Kind zu stehen und auch das Positive wahrzunehmen, ohne nur die Noten im Blick zu haben.

Folgende Fragen können hierbei im Elterngespräch hilfreich sein:

- Worin sehen Sie Ihre Aufgabe bei der Unterstützung Ihres Kindes beim Lernen?
- Was kann Ihr Kind schon gut beim Lernen?
- Was müsste passieren, damit Sie Ihrem Kind zutrauen, dass es auch alleine lernen kann?
- Wie können Sie Ihrem Kind das Gefühl geben, dass Sie an es glauben?
- Wie können Sie die Eigenverantwortlichkeit Ihres Kindes stärken?
- Sehen Sie Bereiche beim Lernen, in denen Ihr Kind bereits eigenverantwortlich handelt?

3.3 Belohnen und Bestrafen (Verstärkerpläne)

Motivation fördern durch Verstärkerpläne

Wir hatten Ihnen bereits kurz vorgestellt, dass Belohung ein sehr wichtiger Ansatzpunkt ist, um positives Verhalten zu stärken.

Punkte- oder Verstärkerpläne sind eine bewährte Methode der Verhaltenstherapie, deren positive Auswirkungen in vielen Studien belegt wurden. Das grundlegende Prinzip dabei ist: Zeigt das Kind eine zuvor gemeinsam vereinbarte „erwünschte" Verhaltensweise, erhält es einen Punkt, den es auf einem Plan eintragen oder einkleben kann. Eine festgelegte Zahl von Punkten kann dann schließlich gegen eine zuvor ebenfalls gemeinsam vereinbarte Belohnung eingetauscht werden.

Der Einsatz von Punkteplänen für jüngere Kinder oder von Lernverträgen für ältere Kinder/Jugendliche beruht auf dem Ansatz, dass diese einen Anreiz finden, ein neues Verhalten auszuprobieren. Die Punktepläne bzw. Lernverträge dienen der Motivation. Es geht insbesondere darum, einen Anreiz zu schaffen, ein neues Verhalten auszuprobieren – und nicht darum, ein Kind/einen Jugendlichen dazu zu bringen, das zu tun, was man selbst möchte. Wenn das Kind/der Jugendliche nicht feststellen wird, dass das neue Verhalten mehr Vorteile bringt als das alte Verhalten, wird es/er dieses auch nicht langfristig ändern. Oft erfährt das Kind/der Jugendliche aber sehr schnell, dass die neue Verhaltensweise mehr Vorteile mit sich bringt, z. B. weniger Streit und mehr positive Rückmeldung. Ziel ist es nicht, mechanisch Punkte zu verteilen, sondern das Kind/den Jugendlichen für neue Verhaltensweisen zu loben und ihm Wertschätzung für seine Anstrengungen entgegenzubringen.

Kevin z. B. könnte mithilfe eines Verstärkerplans motiviert werden, mit den Hausaufgaben anzufangen, seine Angst davor abbauen und so langfristig lernen, dass die Hausaufgaben gar nicht so schlimm sind. Er kann feststellen, dass er die Hausaufgaben hinbekommt oder nichts Schlimmes passiert, wenn diese nicht „perfekt" sind. Das baut sein Selbstbewusstsein auf. Die Angst vor dem Versagen kann ihm nur dadurch genommen werden, dass er die Aufgabe bewältigt.

Sehr wichtig ist es, ein Verhalten auszuwählen, das für Kevin überhaupt umsetzbar ist, d. h. etwas, das er schaffen kann, wenn er sich anstrengt. Es darf nicht zu schwer sein, aber auch nicht zu leicht.

Punktepläne sollten sparsam und nur gezielt eingesetzt werden. Dann zeigen sie eine sehr gute Wirkung.

Verstärkerpläne sollten individuell, übersichtlich und zeitlich begrenzt sein.

Wenn Punkte- oder Verstärkerpläne nicht funktionieren, liegt es oft an deren falschem Einsatz. Es kann sein, dass die Aufgabe zu schwer oder zu leicht ist, die Belohnung nicht motivierend genug, der Plan nicht konsequent durchgeführt wird, zu spät Rückmeldung gegeben wird, das positive Verhalten nicht genug beachtet wird etc. Wenn Sie die Pläne einsetzen, sprechen Sie diese mit den Eltern genau durch. Die Vorlage „Regeln für das Funktionieren eines Punkteplans" gibt Ihnen eine Aufstellung der wichtigsten Tipps für den Einsatz solcher Pläne. Sie können die Tipps in der Vorlage auch zusammen mit den Eltern besprechen und diesen als Material mitgeben. Die Vorlage finden Sie auch auf der Begleit-CD.

Zusätzlich ist zu beachten, dass sich diese Pläne eher für jüngere Schüler bis ca. 13 Jahren eignen. Lernverträge können dagegen auch bei Jugendlichen eingesetzt werden. Bei Kevin ist der Einsatz eines Punkteplans sicherlich noch sehr sinnvoll und auch dem Schwierigkeitsgrad des Problems angemessen.

Eine Belohnung sollte dem Alter angemessen sein und muss nicht immer materiell sein – auch gemeinsam verbrachte Zeit kann eine sehr schöne Belohnung sein. Die Belohnung muss natürlich etwas sein, was das Kind/der Jugendliche wirklich gerne haben möchte, sonst entwickelt es/er keine Motivation.

Regeln für das Funktionieren eines Punkteplans

1) Wählen Sie nur <u>ein</u> Problemverhalten aus.
2) Beschreiben Sie dieses möglichst konkret.
3) Beschreiben Sie auch das Zielverhalten konkret: Wie genau soll das Verhalten aussehen, mit dem dann alle zufrieden sind?
4) Legen Sie die Anzahl der Punkte fest, die für das Erreichen der Belohnung benötigt werden.
5) Geben Sie den Punkt im Falle eines Erfolges immer sofort.
6) Nehmen Sie nie einen Punkt wieder weg.
7) Überlegen Sie sich gemeinsam mit Ihrem Kind eine angemessene Belohnung (z. B. gemeinsame Aktivitäten)
8) Überlegen Sie sich auch eine kleine Belohnung für den Fall, dass der Belohnungsplan nur zur Hälfte erfüllt wird.
9) Sie können den Plan immer abends besprechen und dabei dem Kind/dem Jugendlichen Mut machen (beide Elternteile einbeziehen).
10) Erwarten Sie nicht zu viel – vielleicht klappt es zu Beginn noch nicht.
11) Wenn Ihr Kind nach 3 Tagen noch keinen Punkt hat, ändern sie den Plan (Zielverhalten vielleicht etwas leichter machen).
12) Motivieren Sie Ihr Kind, während der Plan läuft, auch für die Zeit danach: Besprechen Sie z. B. die positiven Aspekte, die das neue Verhalten mit sich bringt (z. B. „Guck mal, jetzt, wo du dich morgens immer rechtzeitig fertig machst, haben wir viel weniger Hektik und Streit.")
13) Loben Sie Ihr Kind auch weiterhin, nachdem der Plan beendet ist.

Abb. 14: Regeln für das Funktionieren eines Punkteplans

Beispiel für einen „Lernvertrag"

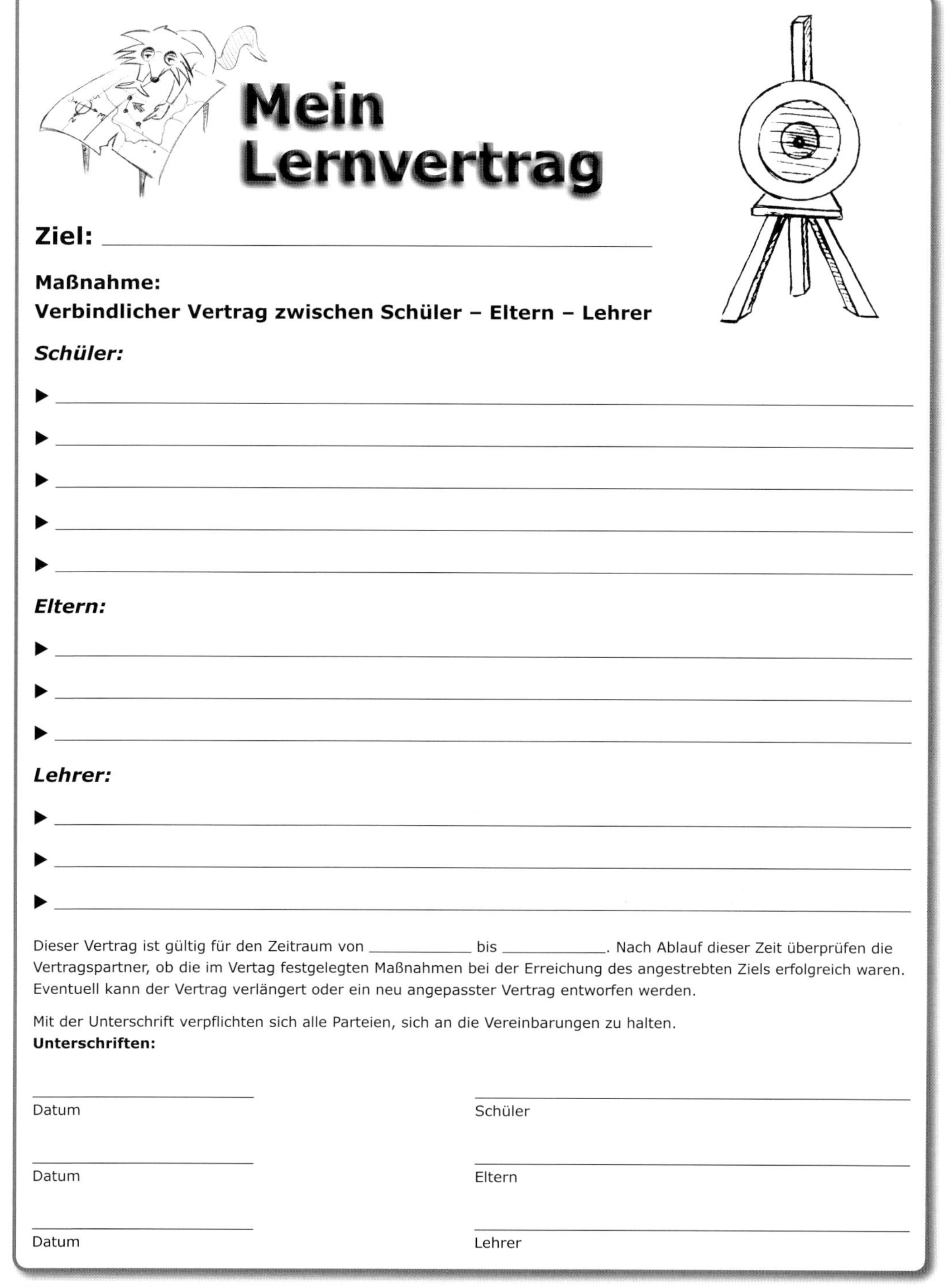

Mein Lernvertrag

Ziel: ______________________________

Maßnahme:
Verbindlicher Vertrag zwischen Schüler – Eltern – Lehrer

Schüler:

- ▶ ______________________________
- ▶ ______________________________
- ▶ ______________________________
- ▶ ______________________________
- ▶ ______________________________

Eltern:

- ▶ ______________________________
- ▶ ______________________________
- ▶ ______________________________

Lehrer:

- ▶ ______________________________
- ▶ ______________________________
- ▶ ______________________________

Dieser Vertrag ist gültig für den Zeitraum von ___________ bis ___________. Nach Ablauf dieser Zeit überprüfen die Vertragspartner, ob die im Vertag festgelegten Maßnahmen bei der Erreichung des angestrebten Ziels erfolgreich waren. Eventuell kann der Vertrag verlängert oder ein neu angepasster Vertrag entworfen werden.

Mit der Unterschrift verpflichten sich alle Parteien, sich an die Vereinbarungen zu halten.
Unterschriften:

Datum	Schüler
Datum	Eltern
Datum	Lehrer

Abb. 15: Beispiel Lernvertrag

Strukturierung des Alltags

Häufige Streitpunkte zwischen Eltern und Kindern/Jugendlichen sind Themen, die das Zeitmanagement und die Planung betreffen. Hausaufgaben sind ein großer Streitpunkt bei Schülern aller Jahrgangsstufen. Wie wichtig sind die Hausaufgaben? Wie lange sitzt man an den Hausaufgaben? Wann werden diese gemacht? Wie wichtig sind andere Aktivitäten (Freunde treffen, Sport, Hobbys)? Hier gehen die Vorstellungen von Eltern und Schülern häufig weit auseinander, die „Priorität Schule" wird von Eltern und sicher auch von Ihnen als Lehrer meist deutlich höher bewertet als von den Schülern.

Wochenpläne schaffen Übersicht und strukturieren den Alltag

Zu diesem Thema sind Sie als Lehrer ein sehr wichtiger Ansprechpartner. Gerade für jüngere Schüler sind die ungewohnten Hausaufgabenmengen, die es in der Grundschule so nicht gab, eine neue Herausforderung, die es zu bewältigen gilt. Viele Eltern sind sich zudem unsicher, wie sie ihr Kind bei den Hausaufgaben unterstützen sollten.

Eine relativ leicht umzusetzende, aber dennoch sehr sinnvolle Maßnahme – die auch die Konflikte zu Hause entschärfen kann – ist der Einsatz von Wochenplänen. Diese können helfen, das Zeitmanagement zu verbessern und die Situation zu strukturieren.

Häufig kommt es zu Hause zu Streitigkeiten, weil die Hausaufgaben noch nicht vollständig gemacht sind, für eine Arbeit noch nicht gelernt wurde, aber eventuell schon der nächste Termin im Sportverein beginnt etc. In Wochenpläne können ganz konkret alle Termine eingetragen werden (schulische und auch außerschulische), auch feste Lernzeiten oder Hausaufgabenzeiten.

Diese Wochenpläne können dann als „Vereinbarung" zwischen Eltern und Kind/Jugendlichem dienen, wenn diese gemeinsam besprochen wurden. Von daher ist es sinnvoll, dass gerade bei jüngeren Kindern der Wochenplan gemeinsam ausgefüllt und besprochen wird, während ältere Schüler dies auch alleine machen können.

Zeitplanung wird geschult

Wichtig ist es, die Eltern darauf hinzuweisen, dass es nicht um eine komplette Durchplanung des Alltags geht, sondern um eine Strukturierung des Tagesablaufs. Lernzeiten werden fest eingeplant, wodurch der tägliche Kampf hierum deutlich verringert werden kann; insbesondere, wenn die Kinder sehen, dass auch freie Zeiten zum Spielen mit Freunden bleiben. Ist die Tagesstruktur einmal etabliert, kommt es idealerweise zu einer Automatisierung der Abläufe, z. B. dass sich das Kind/der Jugendlich direkt nach dem Mittagessen an die Hausaufgaben setzt.

Zusätzlich lernen die Kinder/Jugendlichen, realistisch einzuschätzen, wie viel Zeit sie für die Hausaufgaben benötigen. Dies ist besonders für jüngere Schüler sehr wichtig.

Mein Wochenplan

für die Woche vom ______________ bis zum ______________

Zeit	Montag	Dienstag	Mittwoch	Donnerstag	Freitag	Samstag	Sonntag
	Schule	Schule	Schule	Schule	Schule		
	HA	HA	HA	AG	Klavier		
	Freizeit	Freizeit	Extra-Lernen	HA	HA		
	Freizeit	Karate	Freizeit	Freizeit	Karate		

Abb. 16: Beispiel für einen Wochenplan

Eine weitere Hilfestellung für Eltern zur Strukturierung des Lernalltags und auch zur Förderung der Eigenverantwortung der Kinder, sind Checklisten zur Vorbereitung auf die Hausaufgaben. Im Folgenden wird ein Beispiel einer Checkliste vorgestellt, die Sie Eltern als Material mit nach Hause geben können.

Lernplatzgestaltung

Checkliste: Wie organisiere ich meinen Arbeitsplatz?

Ein fester Arbeitsplatz, an dem alle Materialien zu finden sind und in Ruhe gearbeitet werden kann, ist eine Grundvoraussetzung für erfolgreiches Lernen und Erledigen der Hausaufgaben.

Die Checkliste hilft dir, alle Dinge bereit zu haben. Wie du die Sachen an deinem Arbeitsplatz aufbewahrst und organisierst, ist dir überlassen. Die Liste kannst du gut sichtbar aufhängen, z. B. an einer Pinnwand. Dann hast du sie immer gut im Blick. Also: Check it!

- Ruhe
- Guter Tisch, verstellbarer Stuhl
- Papierkorb
- Angenehme Raumtemperatur (20° – 21°C)
- Licht von der linken Seite (bei Linkshändern von rechts)
- Frische Luft
- Bleistift, Spitzer, Radiergummi
- Buntstifte, Filzstifte
- Papier, Karteikarten
- Lineal, Geodreieck
- Duden, Wörterbücher, Atlas ...
- Büroklammern, Pinnwandnadeln
- Hausaufgabenplaner, Pinnwand

Abb. 17: Checkliste Lernplatzgestaltung

Die Checkliste hilft den Schülern, sich vor dem Lernen zu organisieren und die wichtigen Arbeitsmaterialien auch dann parat zu haben, wenn sie diese brauchen. So vermindert sie die Ermahnungen und Hinweise der Eltern und unterstützt die Eigenständigkeit des Kindes.

3.4 Was tun bei Kämpfen wegen der Hausaufgaben?

Es wird immer wieder vorkommen, dass Eltern Ihnen berichten, dass es zu Hause zu regelrechten Kämpfen bei den Hausaufgaben kommt. In diesen Fällen (auch in unserem Beispiel Kevin) ist genau zu prüfen, warum die Kämpfe auftreten und „worum" gekämpft wird. Mischen sich die Eltern zu stark ein? Beginnt das Kind nicht alleine? Braucht es nach Meinung der Eltern zu lange? Eine genaue Analyse anhand des SORK-Schemas, welches wir Ihnen zu Beginn des Kapitels vorgestellt haben, ist zentral.

Die Balance zwischen Einmischung und Ermutigung finden

Je nachdem, was die individuelle Analyse zeigt, können unter Umständen Maßnahmen empfohlen werden, die in diesem Kapitel vorgestellt wurden. Es kann sein, dass ein einfacher Wochenplan Abhilfe schafft, weil klare Zeiten für die Hausaufgaben definiert sind. Vielleicht ist auch ein Lernvertrag eine Möglichkeit, um den Schüler zu motivieren und durch eine klare Vereinbarung Kämpfe zu vermeiden. Allgemeine Regeln für die Hausaufgaben finden Sie im folgenden Kasten sowie auf der Begleit-CD.

Hausaufgaben sind Aufgaben der Schüler

Auch die vorgestellten Verstärkerpläne und Belohnungssysteme können – individuell an die Bedingungen des Schülers angepasst – Maßnahmen sein, die Sie mit den Eltern erarbeiten können.

Eine sehr allgemeine Hilfe ist die von uns zusammengestellte Liste „Regeln für die Hausaufgaben" mit allgemeinen Hausaufgabentipps für Eltern. Sie ist besonders für „übermotivierte" Eltern zu empfehlen.

Experten mit einbeziehen

Was wir an dieser Stelle des Buches aber noch einmal erwähnen möchten: Wenn Sie den Eindruck haben, dass eine intensive Erziehungsberatung notwendig ist, z. B. durch eine deutliche Aufmerksamkeitsproblematik, oppositionelles Verhalten, delinquentes Verhalten oder psychische Auffälligkeiten des Kindes/Jugendlichen oder eines Familienmitgliedes, scheuen Sie sich nicht davor, Experten für diese Schwierigkeiten heranzuziehen. Sie können den Beratungslehrer Ihrer Schule kontaktieren, Schulpsychologen ansprechen und auch an Erziehungsberatungsstellen verweisen.

Regeln für die Hausaufgaben

1. Alle zu erledigenden Hausaufgaben werden vom Schüler während des Unterrichts notiert.
   ⇒ Wenn er trotzdem nicht weiß, was er zu erledigen hat, soll der Schüler (nicht ein Elternteil) sich bei seinen Klassenkameraden danach erkundigen.
2. Ablenkungsmöglichkeiten vermindern (siehe Checkliste)!
3. Die Hausaufgaben werden immer zu einem festgelegten Zeitpunkt im Tagesablauf gemacht. Dieser kann für die einzelnen Wochentage unterschiedlich sein (siehe Wochenplan). Ebenso werden die Hausaufgaben immer an einem festgelegten Ort erledigt.
4. Eltern sollten eine Vereinbarung mit dem Schüler über die maximale Zeit treffen, in der alle Hausaufgaben erledigt werden sollen.
5. Die Hausaufgaben sollen am besten an dem Tag gemacht werden, an dem der Schüler sie bekommen hat!
6. Kurze Pause nach dem Essen einlegen, bevor mit den Hausaufgaben begonnen wird, da direkt nach dem Essen die Konzentration nicht besonders gut ist.
7. Für ausreichende Pausen zwischen den Hausaufgaben sorgen (spätestens alle 45 Minuten 5–10 Minuten Pause machen – Bewegung tut gut!).
8. Mit leichten und interessanten Aufgaben beginnen, um dem Gehirn Zeit zum Aufwärmen zu geben!
9. Keine Hausaufgaben ähnlicher Stoffgebiete (z. B. Mathe und Physik) nacheinander erledigen. Besser ist es, dazwischen z. B. Englisch zu erledigen.
   ⇒ Dadurch wird das Erledigen der Hausaufgaben leichter und abwechslungsreicher, außerdem prägen sich die Dinge besser ein, da sie sich nicht gegenseitig behindern.
10. Für ausreichend Getränke am Arbeitsplatz sorgen.
   ⇒ Flüssigkeitsmangel macht sich schnell in der Leistung bemerkbar.

Abb. 18: Regeln für die Hausaufgaben

3.5 Der Umgang mit Leistungsrückmeldungen

Der Umgang mit Ergebnissen aus Tests oder Klassenarbeiten ist oft ein heikles Thema in der Familie. Insbesondere dann, wenn die Ergebnisse nicht so gut sind wie erhofft. Das Kind/der Jugendliche und die Eltern sind dann traurig und enttäuscht. Schnell kann in einer solchen Situation ein gut gemeintes Wort falsch verstanden werden oder gar das Gegenteil von dem Auslösen, was beabsichtigt war. Die zentrale Frage bei der Suche nach Ursachen ist: Wer oder was war Schuld an dem Misserfolg? bzw. Wer oder was hat zu dem Erfolg beigetragen? Dies stellt Eltern auch vor die Fragen: Welche Rückmeldungen sind bei Erfolg günstig? Welche bei Misserfolg? Wir möchten Ihnen in diesem Abschnitt wichtige Informationen und Hinweise zur Ursachenzuschreibung vermitteln, auf die Sie in Elterngesprächen zurückgreifen können. Gemeinsam mit den Eltern können Sie – ausgehend von diesen Hinweisen – dann günstige Leistungsrückmeldungen entwickeln.

Rückmeldungen gewissenhaft formulieren

Ausgangspunkt für die Leistungsrückmeldung ist die Ursachenzuschreibung. Ergebnisse von Handlungen können auf sehr unterschiedliche Ursachen zurückgeführt werden. Auch Lernergebnisse, Noten etc. führen Ihre Schüler, deren Eltern und auch Sie als Lehrer auf bestimmte Ursachen zurück. Bei der Suche nach Ursachen können zunächst zwei Dimensionen unterschieden werden:

Der Selbstbezug (Es lag an mir. / Es lag nicht an mir.)

Die Stabilität (Es ist immer so. / Es ist nicht immer so.)

Aus der Kombination dieser beiden Dimensionen ergeben sich letztlich vier Bereiche von Ursachen. Diese sind in Abbildung 19 dargestellt.

		Stabilität	
		Es ist immer so.	Es ist nicht immer so.
Selbstbezug	Es lag an mir.	Fähigkeit	Anstrengung/ Strategien
	Es lag nicht an mir.	Situation (z.B. Lehrer)	Glück/Pech

Abb. 19: Bereiche der Ursachenzuschreibung

Blick auf neue Chancen und Möglichkeiten richten

Sicherlich haben Sie bereits eine Vermutung, welche Ursachenzuschreibungen sich im Schulalltag auf die Leistungsentwicklung positiv auswirken. Aus Ihrem Schulalltag kennen Sie Schüler, die sehr günstige Ursachenzuschreibungen vornehmen – aber Sie kennen auch solche, die sehr ungünstige Zuordnungen der Leistungsergebnisse zu Ursachen zeigen.

Zunächst kann festgehalten werden, dass gerade jüngere Schüler bei der Ursachensuche zunächst meist sehr geschickt vorgehen: Sie schreiben Erfolg sich selbst und Misserfolg anderen zu (z. B. Der Lehrer ist Schuld; ich hatte Pech). Dies ist eine **selbstwerterhaltende Strategie**. Sicherlich ist Ihnen diese Strategie wohlbekannt, da viele Ihrer Schüler sie vermutlich anwenden. Es gibt aber auch Schüler, deren Ursachenzuschreibung eher **selbstwertgefährdend** ist. Sie führen Erfolg auf Zufall (Ich hatte Glück!) und Misserfolg auf mangelnde Fähigkeiten (Ich kann das einfach nicht!) zurück.

Hier wird deutlich, dass die Ursachenzuschreibung auch Auswirkungen auf die Gefühle, die Selbstwirksamkeit und das Selbstvertrauen hat. Für folgende Handlungen sind Selbstvertrauen und Selbstwirksamkeit – also das Gefühl, die Situation selbst verändern zu können – entscheidend. Denn warum sollte man sich beim nächsten Mal überhaupt anstrengen, wenn man nicht das Gefühl hat, die Situation verändern zu können?

An dieser Stelle können Sie als Lehrer und auch die Eltern einen wichtigen Einfluss auf die Einordnung von Lernergebnissen nehmen. Wichtig ist dabei immer, dem Schüler das Gefühl zu vermitteln, die Situation selbst beeinflussen zu können.

Trost ist nicht immer gut

Gut gemeinte Versuche zu trösten, z. B. durch Aussagen wie „Ach, das ist nicht so schlimm mit der 5 in Chemie, das konnte dein Papa auch nicht so gut." bewirken hier eher das Gegenteil des Beabsichtigten. Übernimmt der Schüler diese Ursachenzuschreibung, wird er den Grund für das schlechte Lernergebnis in einer veranlagten geringen Fähigkeit sehen – und an dieser lässt sich schwerlich etwas verändern. Die Motivation, für die nächste Chemiearbeit zu lernen und sich anzustrengen, wird eher gering sein. Auch ein aufmunterndes Lob für ein gutes Ergebnis bei sehr einfachen Aufgaben kann dazu führen, dass die eigene Fähigkeit als sehr gering eingeschätzt wird. Der Schüler mag dann vielleicht denken: „Ach, wenn ich schon für das Lösen so leichter Aufgaben gelobt werde, dann kann meine Fähigkeit eigentlich nicht so groß sein."

Welche Ursachenzuschreibungen sind denn nun günstig? Aus der Literatur zur Ursachforschung lässt sich ableiten, dass es günstig ist, Erfolge der eigenen Fähigkeit (internal/stabil) sowie der Anstrengung und der Strategieanwendung (internal/variabel) zuzuschreiben.

Somit wird das Selbstvertrauen und die Selbstwirksamkeit gestärkt. Zusätzlich wird aufgezeigt, dass die Anstrengung und die Strategien beim Lernen entscheidend sind, und diese somit beim nächsten Mal wieder erbracht bzw. eingesetzt werden sollten.

> Misserfolge sollten hingegen der geringen Anstrengung und ungünstigen Strategien zugeschrieben werden – denn diese sind vom Schüler kontrollierbar. Leistungsrückmeldungen, die eine externale Ursachenzuschreibung unterstützen (Situation/Glück oder Pech) sind hingegen zu vermeinden. Denn hier kann der Schüler keinen Einfluss nehmen – noch so viele Glücksbringer werden hier nicht verlässlich helfen.

In diesem Abschnitt ist deutlich geworden, wie wichtig ein sorgfältiger Umgang mit Leistungsrückmeldungen durch Sie als Lehrer, aber auch durch die Eltern ist. Die Ursachenzuschreibung ist ein wichtiges Thema, das Sie in Erziehungsberatungsgesprächen mit Eltern thematisieren können. Eltern haben einen entscheidenden Einfluss auf ihre Kinder und können durch positives oder negatives Feedback sehr viel bewirken. Insbesondere für den Aufbau eines positiven Selbstwertes ist es entscheidend, welche Rückmeldung Kinder von ihren Eltern bekommen. Sie können Eltern für dieses Thema sensibilisieren, indem Sie ihnen die Abbildung zu den Bereichen der Ursachenzuschreibung erklären und gemeinsam mit ihnen mögliche Formulierungen für günstige Rückmeldungen bei Erfolg und Misserfolg besprechen.

Literaturempfehlungen

Bauer, C. & Hegemann, T. (2008): Ich schaffs! – Cool ans Ziel: Das lösungsorientierte Programm für die Arbeit mit Jugendlichen. Heidelberg: Carl-Auer.

Döpfner, M., Schürmann, S. & Lehmkuhl, G. (2006): Wackelpeter & Trotzkopf. Weinheim: Beltz PVU.

Döpfner, M., Frölich, J. & Wolf Metternich, T. (2007): Ratgeber ADHS. Informationen für Betroffene, Eltern, Lehrer und Erzieher zu Aufmerksamkeitsdefizit-/Hyperaktivitätsstörungen. Göttingen: Hogrefe.

Dreikurs, R., Gould, S. & Corsini, R.J. (1990): Familienrat. München: dtv.

Fuhrman, B. (2006): Ich schaffs. Spielerisch und praktisch Lösungen mit Kindern finden – Das 15-Schritte-Programm für Eltern, Erzieher und Therapeuten. Heidelberg: Carl-Auer.

Petermann, F., Döpfner, M. & Schmidt, M.H. (2008): Ratgeber Aggressives Verhalten, Informationen für Betroffene, Eltern, Lehrer und Erzieher. Göttingen: Hogrefe.

Abbildungsverzeichnis

Literaturverzeichnis

Aebli, H. (1991): *Grundformen des Lehrens*. Stuttgart: Klett.

Ames, C. (1993): How School-to-Home Communications Influence Parent Beliefs and Perceptions. *Equity and Choice, 9* (3), 44–49.

Aster, M. v. (1996): Psychopathologische Risiken bei Kindern mit umschriebenen Teilleistungsstörungen. *Kindheit und Entwicklung, 5*, 53–59.

Barth, K. (2003): *Lernschwächen früh erkennen im Vorschul- und Grundschulalter* (4. Aufl.). München: Ernst Reinhardt.

Bauer, C. & Hegemann, T. (2008): *Ich schaffs! – Cool ans Ziel: Das lösungsorientierte Programm für die Arbeit mit Jugendlichen.* Heidelberg: Carl-Auer.

Benkmann, K. H. (1989): Pädagogische Erklärungs- und Handlungsansätze bei Verhaltensstörungen in der Schule. In: H. Goetze & H. Neukäter (Hrsg.): *Pädagogik der Verhaltensstörungen* (71–119). Berlin: Ed. Marhold im Wiss. Verl. Spiess.

Betz, D. & Breuninger, H. (1998): *Teufelskreis Lernstörungen. Theoretische Grundlegungen und Standardprogramm* (5. Aufl.). Weinheim: Beltz.

Brackmann, A. (2005): *Jenseits der Norm – hoch begabt und hoch sensibel?* (Buch 180 aus der Reihe „Leben lernen"). Stuttgart: Pfeiffer bei Klett-Cotta.

Coie, J. D. & Jacobs, M. R. (1993): The role of social context in the prevention of the conduct disorder. *Development and Psychopathology, 5*, 263–275.

De Shazer, S. (1990): *Wege der erfolgreichen Kurztherapie* (2. Aufl.). Stuttgart: Klett-Cotta.

Deutsch, W. & Wenglorz, M. (2001): Entwicklungsprozesse: Von Idealen über Tatsachen zu Störungen. In: W. Deutsch & M. Wenglorz (Hrsg.): *Zentrale Entwicklungsstörungen bei Kindern und Jugendlichen* (19–44). Stuttgart: Klett-Cotta.

DiCamillo, M. P. (2001): Parent Education as an essential component of parent involvement programs. In: D. B. Hiatt-Michael (Ed.): *Promising practices for family involvement in schools* (153–183). Greenwich, Conneticut: Information Age Publishing.

Dilling, H., Mombour, W. & Schmidt, M. H. (1993): *Internationale Klassifikation psychischer Störungen: ICD-10, Kap. V (F); klinisch-diagnostische Leitlinien* (2. Aufl.). Göttingen: Hogrefe.

Döpfner, M., Schürmann, S. & Lehmkuhl, G. (2006): *Wackelpeter & Trotzkopf.* Weinheim: Beltz PVU.

Döpfner, M., Frölich, J. & Wolf Metternich, T. (2007): *Ratgeber ADHS. Informationen für Betroffene, Eltern, Lehrer und Erzieher zu Aufmerksamkeitsdefizit-/Hyperaktivitätsstörungen.* Göttingen: Hogrefe.

Dreikurs, R., Gould, S. & Corsini, R.J (1990): *Familienrat.* München: dtv.

Dusolt, H. (2000): *Elternarbeit für Erzieher, Lehrer, Sozial- und Heilpädagogen.* Weinheim: Beltz.

Endres, W. (2007): *Die Endres-Lernmethodik: Lehrerbegleitmaterial, Folien und Kopiervorlagen zum Lernen lernen. Eine Materialsammlung für Lehrkräfte (5.–10. Klasse).* Weinheim: Beltz.

Endres, W. (2003): 111 starke Lerntipps. Weinheim: Beltz.

Engel, U. &. Hurrelmann, K. (1989): *Psychosoziale Belastung im Jugendalter. Empirische Befunde zum Einfluss von Familie, Schule und Gleichaltrigengruppen.* Berlin: De Gruyter.

Engel, U. & Hurrelmann, K. (1998): *Was Jugendliche wagen: eine Längsschnittstudie über Drogenkonsum, Stressreaktionen und Delinquenz im Jugendalter* (3. Aufl.). Weinheim: Juventa.

Epstein, J. L. (2001): *School, family and community partnership. Preparing educators and improving schools.* Boulder, Colorado: Westview Press.

Fuhrman, Ben (2006): *Ich schaffs. Spielerisch und praktisch Lösungen mit Kindern finden – Das 15-Schritte-Programm für Eltern, Erzieher und Therapeuten.* Heidelberg: Carl-Auer.

Hahlweg, K. (2001): Bevor das Kind in den Brunnen fällt. In: W. Deutsch & M. Wenglorz (Hrsg.): *Zentrale Entwicklungsstörungen bei Kindern und Jugendlichen* (189–214). Stuttgart: Klett-Cotta.

Hasselhorn, M. & Schuchardt, K. (2006): Epidemiologie Lernstörungen. *Kindheit und Entwicklung, 15* (4), 208–215.

Hennig, C. & Ehinger, W. (2003): *Das Elterngespräch in der Schule. Von der Konfrontation zur Kooperation* (2., überarb. Aufl.). Donauwörth: Auer.

Hertel, S. (2009): *Beratungskompetenz von Lehrern – Kompetenzdiagnostik, Kompetenzförderung, Kompetenzmodellierung.* Münster: Waxmann.

Hinshaw, S. (1992): Externalizing behavior problems and academic underachievement in childhood and adolescence: Causal relationships and underlying mechanisms. *Psychological Bulletin, 111*, 127–155.

Holling, H. et al. (2003): *Begabte Kinder finden und fördern. Ein Ratgeber für Elternhaus und Schule*. Bonn: Bundesminsterium für Bildung und Forschung (BMBF).

Kazdin, A. E. (1997): Parent management training: Evidence, outcomes and issues. *Journal of American Academy of Child and Adolescent Psychiatry, 36*, 1349–1356.

Krappmann, L., Leschinsky, A. & Powell, J. (2003): Kinder, die besonderer pädagogischer Förderung bedürfen. In: K. Cortina, J. Baumert, A. Leschinsky, K. U. Mayer & L. Trommer (Hrsg.): *Das Bildungswesen in der Bundesrepublik Deutschland. Strukturen und Entwicklungen im Überblick* (vollst. überarb. u. erw. Neuausgabe, 755–786). Reinbek bei Hamburg: Rowohlt.

Klauer, K. & Lauth, G. W. (1997): Lernbehinderungen und Leistungsschwierigkeiten bei Schülern. In: F. E. Weinert (Hrsg.): *Psychologie des Unterrichts und der Schule* (701 – 738). Göttingen: Hogrefe.

Knölker, U., Mattejat, F. & Schulte-Marwort, M. (2007): *Kinder- und Jugendpsychiatrie und -psychotherapie systematisch.* Bremen: Uni-Med.

Lauth, G. W. & Mackowiak, K. (2006): Lernstörungen. *Kindheit und Entwicklung, 15* (4), 199 – 207.

Lauth, G. W., Grünke, M. & Brunstein, J. C. (2004): *Interventionen bei Lernstörungen. Förderung, Training und Therapie in der Praxis*. Göttingen: Hogrefe.

Matthes, G. & Schwarzer, C. (1997): Lernschwierigkeiten und ihre Folgen. In: J. Lompscher, W. Nickel, G. Ries & G. Schulz (Hrsg.): *Studienbuch Grundschule. Leben, Lernen und Lehren in der Grundschule* (329 – 341). Berlin: Luchterhand.

Miethner, S., Schmidt, M. & Schmitz, B. (2008): *Mein Kind lernt Lernen. Ein Praxisbuch für Eltern.* Stuttgart: Klett-Cotta.

Petermann, F. (2005): Zur Epidemiologie psychischer Störungen im Kindes- und Jugendalter. *Kindheit und Entwicklung, 14* (1), 48 – 57.

Petermann, F., Döpfner, M. & Schmidt, M. H. (2008): *Ratgeber Aggressives Verhalten, Informationen für Betroffene, Eltern, Lehrer und Erzieher.* Göttingen: Hogrefe.

Schlotmann, A. (2004): *Warum Kinder an Mathe scheitern. Wie man Rechenschwäche wirklich heilt.* Hirschberg: Supper.

Schmitz, B. & Schmidt, M. (2007): Einführung in die Selbstregulation. In: M. Landmann & B. Schmitz (Hrsg.): *Selbstregulation erfolgreich fördern* (9 – 16). Stuttgart: Kohlhammer.

Schröder, U., Wittrock, M., Rolus-Borgward, S. & Tänzer, U. (2002): *Lernbeeinträchtigung und Verhaltensstörung: Konvergenzen in Theorie und Praxis*. (M. Wittrock & U. Schröder Hrsg.). Stuttgart: Kohlhammer.

Schulte-Körne, G. (2003): Lese-Rechtschreibstörung (Legasthenie) – Symptomatik, Diagnostik, Ursachen, Verlauf und Behandlung. *Sprachrohr Lerntherapie 2003; 2: 8 – 16.*

Schulz von Thun, F. (2002): *Miteinader reden 1 – Störungen und Klärungen* (36. Aufl.). Reinbek: Rowohlt.

Schwarzer, C. & Buchwald, P. (2001): Beratung. In: A. Krapp & B. Weidenmann (Hrsg.): *Pädagogische Psychologie* (4. Aufl., 565 – 600). Weinheim: Beltz.

Schwarzer, C. & Buchwald, P. (2006): Beratung in Familie, Schule und Beruf. In: A. Krapp & B. Weidenmann (Hrsg.): *Pädagogische Psychologie* (5. Aufl., 575 – 612). Weinheim: Beltz.

Sickendiek, U., Engel, F. & Nestmann, F. (2002): *Beratung. Eine Einführung in sozialpädagogische und psychosoziale Beratungsansätze*. Weinheim: Juventa-Verlag.

Sickinger, G. (2006). Vom Erstkontakt zum Arbeitskontakt. In M. Vogt-Hillmann & W. Burr (Hrsg.): *Kinderleichte Lösungen. Lösungsorientierte Kreative Kindertherapie* (189 – 200). Dortmund: Borgmann.

Speichert, H. (1983): Elternarbeit. In: E. G. Skiba (Hrsg.): *Enzyklopädie Erziehungswissenschaften, Bd. 8: Erziehung im Jugendalter – Sekundarstufe 1*, 419 – 428.

Thiel, H.-U. (2003): Phasen des Beratungsprozesses. In: C. Krause, B. Fittkau, R. Fuhr & H.-U. Thiel (Hrsg.): *Pädagogische Beratung* (73 – 84). Paderborn: Schöningh.

Weinert, F. & Zielinski, W. (1977): Lernschwierigkeiten – Schwierigkeiten des Schülers oder der Schule? *Unterrichtswissenschaft, 5*, 292 – 304.

Werning, R. (1989): *Das sozial auffällige Kind. Lebensweltprobleme von Kindern und Jugendlichen als interdisziplinäre Herausforderung*. Münster: Waxmann.

Werth, R. (2001): *Legasthenie und andere Lesestörungen: Wie man sie erkennt und behandelt*. München: C. H. Beck.

Wilson, A.M., Armstrong, C.D., Furrie, A. & Walcot, E. (2009): The mental health of canadiens with self-reported learning disabilities. *Journal of Learning disabilities*, 42 (1), 24 – 40.

Wittmann, A. J. & Holling, H. (2001): *Hochbegabtenberatung in der Praxis. Ein Leitfaden für Psychologen, Lehrer und ehrenamtliche Berater*. Göttingen: Hogrefe.

Auer empfiehlt

Die optimale Ergänzung zu diesem Buch:

196 S., DIN A4, mit CD-ROM

- Best-Nr. **6434**

Jost Schneider (Hrsg.)/Karin Kress/Cathrin Rattay/Dirk Schlechter

Individuell fördern – Das Praxisbuch

Profi-Tipps und Materialien aus der Lehrerfortbildung

- Praktisch, professionell und effektiv – so gelingt das Diagnostizieren und Fördern!

Zu Beginn der individuellen Förderung stellt sich jedem Kollegium die Frage der Notwendigkeit: Warum überhaupt individuell fördern? Will ich das wissen? Und kann ich was damit anfangen?
Ausgehend hiervon erläutert das Autorenteam die wichtigsten Rahmenbedingungen, die für eine erfolgreiche Umsetzung der Individuellen Förderung notwendig sind. Da zu Beginn jeder Förderung die Lernausgangslage analysiert wird, erhalten Sie anschließend Tipps zur effizienten Diagnostik im Unterrichtsalltag und bei besonderen Fällen.

Nach der Diagnose folgt die Förderung. Das geschieht über direkt einsetzbare Förderpläne zur Lernberatung und Lernbegleitung, praxisnahe Unterrichtsmethoden und kooperative Lernformen, die im vorliegenden Buch sehr übersichtlich dargestellt werden. In einem abschließenden Kapitel erhalten Sie ausführliche Tipps zum Umgang mit Lernvermeidungsstrategien und Verweigerung.

So kann individuelle Förderung für Sie auch zur Entlastung werden!

WWW.AUER-VERLAG.DE
WEBSERVICE
www.auer-verlag.de/go/ **6434**

- Diesen Service bieten wir Ihnen zu beworbenem Titel bei uns im Internet:

Blättern im Buch

Leseprobe

Auf der folgenden Seite finden Sie Leseprobe zu diesem Buch.

Bestellschein (bitte kopieren und faxen/senden)

Ja, bitte senden Sie mir gegen Rechnung:

Anzahl	Best.-Nr.	Kurztitel

☐ Ja, ich möchte per E-Mail über Neuerscheinungen und wichtige Termine informiert werden.

E-Mail-Adresse

*Der E-Mail-Newsletter ist kostenlos und kann jederzeit abbestellt werden. Ihre Daten werden im Rahmen der gesetzlichen Vorschriften geschützt.
Nähere Informationen zum Datenschutz finden Sie unter: www.auer-verlag.de/go/daten

Auer Verlag GmbH
Postfach 1152
86601 Donauwörth

Fax: 09 06 / 73-177
oder einfach anrufen:
Tel.: 09 06 / 73-240
(Mo-Do 8:00-16:00 & Fr 8:00-13:00)
E-Mail: info@auer-verlag.de

Absender:

Vorname, Nachname

Straße, Hausnummer

PLZ, Ort

Datum, Unterschrift

Unsichtbares Theater

A **Infos:**

Mit einigen Schülern vereinbart man vor der Stunde insgeheim ein „unsichtbares Theater“ (Augusto Boal), das dann als Provokation und Bluff während des Stundenanfanges spielt. Alle anderen wissen von dem Theater nichts und ihre Neugier wird somit geweckt. Die beteiligten Schüler können hierbei individuell in Bezug auf ihre **schauspielerischen, gestischen und mimischen Fähigkeiten** gefördert werden, alle anderen im Hinblick auf ihre analytischen Fähigkeiten.

B **Ablauf:**

Unsichtbares Theater ist immer dann am wirkungsvollsten, wenn es provozierend auf die unfreiwilligen Zuschauer wirkt. Beispielsweise kann ein Konflikt zwischen zwei Schülern vorgetäuscht werden, der in der letzten Pause aufgekommen ist. In dem vorbereitenden Gespräch sollte der Lehrer die Grenzen gegenüber den Schülern deutlich machen, die Wortwahl und Handlungen der Akteure klar einschränken. Der Konflikt wird die Aufmerksamkeit aller Schüler erregen, wenn er besonders dramatisch und unüberhörbar von beiden Schülern vorgetragen wird. Im Anschluss an das unsichtbare Theater der Schüler muss der Lehrer die Situation auflösen und darauf hinweisen, dass es sich um einen gespielten Konflikt handelt. Durch die besonders große Aufmerksamkeit, die die beiden Akteure bekommen, wird eine besonders intensive Auseinandersetzung der Zuhörer mit dem Thema erreicht.

C **Varianten:**

Alle Schüler bilden (reale) Paare und befragen sich über einen imaginären Freund, den der Befragte spontan erfindet. Leitfragen können sein: Wie sieht er aus? Was macht ihn zu einem besonderen Menschen? Was kann er? (Variante: Es kann auch die ganze Klasse einen einzigen Spieler interviewen.) Die Schüler sollten einerseits spannende und konkrete Fragen stellen und andererseits einen Menschen erfinden, den es nicht gibt, der also nur in ihrer Fantasie lebt. Die Schüler spielen eine „Zweierszene“ mit ihrem unsichtbaren Freund nach und reden mit ihm. Sie sollen sich die möglichen Antworten vorstellen und dann reagieren. Zuerst versucht das die ganze Klasse gleichzeitig als Übung. Dann zeigen einzelne Spieler ihre Szenen. Es ist von großer Bedeutung, dass sich die Schüler Zeit lassen (Pausen) und darüber nachdenken, was der andere jetzt gerade zu ihnen sagt. Die Schüler merken schnell, dass auch das Zusehen allein hier sehr spannend sein kann bzw. wenn man einen Dialogpartner von beiden weder zu hören noch zu sehen bekommt.

D **Rolle des Lehrers:**

Der Lehrer wählt geeignete Akteure aus und setzt dem „unsichtbaren Theater“ im Vorfeld die notwendigen Grenzen durch das Treffen von Vereinbarungen mit den beteiligten Schülern, damit es nicht zu unerwünschten Überraschungen kommt.

E **Organisatorisches / Schulformen:**

Das „unsichtbare Theater“ kann bereits im Grundschulalter eingesetzt werden und ist in allen Schulformen durchführbar.

F **Tipps und Tricks:**

Wichtig ist, dass die Schüler aus ihren Rollen entlassen werden und ein für alle deutlicher Übergang erfolgt. Anschließend können der Konflikt und seine Entfaltung mit allen Schülern im Plenum diskutiert und daraus dann z. B. Verhaltensregeln oder andere Lerninhalte im Unterricht entwickelt werden.

Beispiele für unsichtbare Theater sind:
Biologieunterricht (Sexualkunde):
Jugendschwangerschaft wird vorgetäuscht, ein Gespräch zwischen zwei Schülern entfaltet sich. Ein Schüler sollte den Betroffenen spielen. Der andere Schüler könnte die Rolle eines Freundes übernehmen. Anschließend erfolgt nach Auflösung des unsichtbaren Theaters eine Plenumsdiskussion zum Thema.

Politik/Sozialwissenschaften/Religion (Jugendgewalt):
Eine heftige Auseinandersetzung zwischen zwei Schülern wird vorgespielt. Dabei kann es eventuell zu kontrolliertem Schubsen, einem kontrollierten Gerangel oder einem energischen verbalen Schlagabtausch kommen. Im Anschluss können Möglichkeiten zur Gewaltprävention oder Handlungsalternativen im Plenum diskutiert werden.

Musikunterricht:
Zwei Schüler stellen sich vorne im Klassenraum auf und spielen pantomimisch auf unterschiedlichen Instrumenten zu einem Musikstück, das vom Lehrer über einen CD-Player oder iPod abgespielt wird. Nach dem unsichtbaren Theater kann thematisiert werden, welche Instrumente von den Schülern gespielt wurden und um was für ein Stück es sich genau handelt. Entscheidend ist hierbei, dass die Schüler vorher geübt haben und ihren Einsatz genau kennen. Idealerweise wird die Pantomime mithilfe von Schülern organisiert, die das Instrument tatsächlich spielen. Es geht aber oft auch ohne diese Fähigkeit, wenn die Schüler zuvor einen Tipp bekommen, wie das Instrument aussieht und gespielt wird.

Links:

▷ http://www.tdj.at/ThPaed/Material.html (Material zum unsichtbaren Theater)